대통령들의 남자

대통령들의 남자

초판 1쇄 인쇄일 2024년 1월 3일
초판 1쇄 발행일 2024년 1월 13일

지은이 서승우
펴낸이 양옥매
디자인 송다희 표지혜
교   정 조준경
마케팅 송용호

펴낸곳 도서출판 책과나무
출판등록 제2012-000376
주소 서울특별시 마포구 방울내로 79 이노빌딩 302호
대표전화 02.372.1537   팩스 02.372.1538
이메일 booknamu2007@naver.com
홈페이지 www.booknamu.com
ISBN 979-11-6752-410-2 (03340)

대통령들의 남자

3번의
대통령실 근무

대통령들이
선택한
한 남자 이야기

서승우 지음

책나무와무

갚음이나 꽃피우려 합니다

처음부터 책을 쓰려고 했던 것은 아니었습니다. '서승우'를 책으로 내기엔 저는 너무 젊습니다. 더구나 29년간 국민 세금으로 밥을 먹고 아이들을 키운 공직자로서 당연히 해야 할 일을 무슨 업적이라며 자랑하는 것도 말이 되지 않는다고 생각했습니다. 정치인의 자서전을 냄비 받침대로 활용(?)하는 장면도 익히 보아 왔기에 더더욱 책을 낼 생각은 없었습니다.

친구는 출마를 하려면 책을 쓰라고 권했습니다. 내가 무슨 정치인이냐고 반문하자, 친구는 정치인이 아니기에 써야 한다고 말합니다. "아무리 청원이 고향이라지만, 지금이 쌍팔년도(1955년) 촌도 아닌데, 장재리 서씨 둘째 아들 왔다고 하면 사람들이 다 알아준다냐?" 내가 약간 고개를 주억거리자 친구는 소주잔을 탁 하고 내려놓으며 어디서 주워들은 이야기를 연거푸 쏟아 냈습니다. "아는 만큼 보이고 보이는 만큼 찍는다."는 말에 이어서 "자세히 보아야 예쁘다. 서승우, 너도 그렇다."며 유홍준 작가와 나태주 시인까지 끌어들였습니다.

그런데, 책을 쓴다고 해도 도무지 재미나게 쓸 자신이 없었습니다. 세상에서 제일 재미없는 게 군대 이야기라고 하지만, 관청의 보도 자료 같은 '공무원 이야기'보다야 흥미롭지 않겠습니까?

노련한 10년 차 전투기 조종사 한 명을 양성하는 데 국가가 들이는 비용이 120억 원이 넘는다고 합니다. 조종사의 내공엔 국민의 세금이 녹아 있습니다. 이런 관점에서 보면 29년 6개월 공직에서 얻은 경험과 인연도 공공재의 성격이겠구나 생각했습니다. 충청북도와 중앙부처, 그리고 대통령실에서 3번 근무하며 익혔던 생각과 경험이 나 개인의 것만은 아니라는 생각을 했습니다.

처음엔 인생의 굵직한 줄기를 따라 메모를 했고, 이후 29년의 공직 생활을 나열하며 기억을 더듬었습니다. 충청북도에서 국제통상 업무를 전담하며 청원의 '천지개벽'을 함께했고, 충청북도 행정부지사, 행정안전부, 청와대를 오가며 청원의 꿈을 함께 꾸었습니다.

나라는 사람을 투명하게 전달하고자 했습니다. 진영 논리와 색깔 따위로는 가늠할 수 없는, 서승우가 걸어온 길을 투명하게 전달해야겠다고 생각했습니다. 조악한 문장을 고치고 또 고쳐 글을 맺었습니다. 미숙한 점은 아량으로 독려해 주시길 바랄 뿐입니다.

왜 꽃길을 마다하고 험지에서 출마하려 하냐는 질문을 많이 받았습니다. 복수초는 혹한의 눈을 녹여 꽃을 피워서 '얼음새꽃'이라 부른다지요. 나는 얼음꽃 핀 눈을 밟으며 발자국마다 뜨거운 꽃을 피우고 싶습니다. 꽃길을 걷는 사람이 아닌, 꽃길을 내는 사람으로 살고자 합니다.

자식 사랑에 이유가 없듯 고향에 대한 애정과 연민 또한 이유를 찾기 어렵습니다. 이 글은 장재리에서 자란 홍안의 청년이 55세의 일꾼이 되어 주민들께 제출하는 일종의 자기소개서입니다. 충북도청에서 시작해, 행정안전부, 청와대, 시드니 그 어디에 있든 한곳만을 바라보았던 한 청원 청년의 망향가(望鄕歌)

이자 연서(戀書)로 읽혔으면 좋겠습니다.

　날이 찹니다. 따뜻하게 지내시길 바랍니다. 매운바람을 향해
절을 하며 걷는 구도자처럼, 겸손하고 낮은 자세로 찾아뵙고
말씀에서 배우겠습니다.

2024년 1월

서 승 우 드림

차례   들어가며   걸음마다 꽃피우려 합니다   4

1부   미호천에 바람 불면

북일면 장재리 415번지   12
아버지 품에선 송아지   15
위대한 유산   20
개망초 고랑 사이에서   24
엄마 한숨은 왜 짠가   28
사람의 마음   35
버들골에 바람이 불면   41
동맹의 결성   45
국밥 앞에서   49
때론 피보다 진한   52
아름답다, 한정복!   57
일타강사와 화수분   64

2부   바다로, 바다로!

마중물이 바다를 만나듯   72
바람 찬 대지 위에서   79
은사(恩師) 이원종   86
명지바람 그늘나무 아래서   93
불주반생기(不酒半生記)   99
억세게 운 좋은   104

강국(強國)의 조건　　　　　112

그렇게 심장이 뛸 때　　　　118

네가 무슨 임꺽정이냐　　　　123

3부　　닻을 올려라

갯바위의 우공(愚公)들　　　　132

그해 봄은 추웠습니다　　　　138

시드니 아리랑　　　　142

가문의 설욕　　　　149

일은 이시종처럼　　　　155

지방화시대의 서곡　　　　159

국회의원이 되어야 철도를 까는구나　　　163

대통령과의 동행　　　　172

오후 2시엔 여민관에서 커피를　　　　177

4부　　광야에서 바라본 곳

대통령들의 남자　　　　184

봉급 받을 자격에 대하여　　　　192

청주가 아닌 사람을 봐야　　　　198

SK하이닉스 유치전과 정주여건　　　205

소멸의 땅에서 삶의 노래를　　　211

진정 국회의원이 고민해야 할 것　　　219

다시 유년의 강가에서　　　　232

1부

미호천에 바람 불면

출생

유년기

서울대학교 외교학과

행정고시

결혼

충북도청 공무원연수원

북일면 장재리 415번지

나는 1968년 음력 11월 6일, 마을 느티나무 우듬지에 조각 달이 걸릴 무렵에 청원군에서 태어났습니다. 출산을 위해 어머니는 남일면 월오리 큰집으로 가서 나를 낳았다고 하셨습니다. 태몽으로 어머니는 파랗고 커다란 호박을 품에 안았다고 하셨고, 아버지는 개천에서 용 나는 꿈을 꾸셨다고 하셨습니다. 세상에, 개천에서 용 나는 꿈이라니요. 그저 가난한 집안을 일으키길 바라는 당신의 염원이 반영된 것이 아닐까 합니다.

1968년 음력 11월 6일을 양력으로 환산하면 12월 25일 성탄절입니다. 성탄절에 태어났으니 사람들의 마음이 따뜻했을 테고 어머니가 많은 축복을 받으셨을 것으로 생각하면 기분이 좋아집니다. 그리고 그날은 아폴로 8호가 인류 최초로 달 주변을 돌며 지구인에게 "메리 크리스마스!"라는 축복을 전한 날이기도 합니다.

대통령들의 남자

고향집은 청원군 북이면 장재리 415번지입니다. 청원군과 청주시가 통합하기 전이었습니다. 미호천의 지류가 마을을 따라 돌며 논과 밭에 젖을 물리는 전형적인 시골 마을로, 대구 달성 서씨 학유공파(達成 徐氏 學諭公派) 집성촌이었습니다. 위로 두 살 터울의 형과 세 살 아래의 동생이 있었습니다.

　　나는 27대손인데, 마을 어르신은 물론 또래 동무들도 문중의 일원이었습니다. 양손을 모아 가지런히 서서 인사하고, 친족의 촌수와 항렬을 정확히 숙지하는 것은 기본이었습니다. 항렬이 높으면 나보다 어린 친구에게도 말을 놓지 못했습니다. 동네에서 함께 놀던 유일한 동갑내기 친구 서정욱이 있었는데, 항렬로는 할아버지뻘이었습니다. 이 친구와 놀다 반말하는 것을 들켜 문중 어르신에게 호되게 꾸중을 들은 적인 한두 번이 아니었습니다.

　　아직도 기억나는 장면이 있습니다. 아마 젖니도 빠지지 않았을 때였을 겁니다. 어느 날 투정을 하다 나도 모르게 할머니 얼굴을 밀쳤나 봅니다. 마침 이 장면을 아버지가 보셨고, 그날은 밤새도록 무릎을 꿇고 손 들어야만 했습니다. 아버지는 주무실 때에도 나를 발밑에 두어 감시했습니다. 아버지 성미도 대단하셨던 것 같습니다. 다음 날 울다 지쳐 잠든 내가 깨길 기다린 아버지는 엄한 표정으로 말씀하셨습니다.

"저기 동산에 가서 네 다리만 한 회초리를 꺾어서 가져오너라."

집안에 내재된 분위기와 규범을 보통 가풍이라고 합니다. 나름 엄격하다고도 볼 수 있지만, 당시엔 우리 가정이 특별하다고는 생각하지 않았습니다. 왜냐면 동네 분위기가 대체로 그랬기 때문입니다. 7남매 중 다섯째였던 아버지는 아내와 자식들이 어른들의 눈 밖에 나지 않길 바라셨을 것입니다.

그렇다고 아버지가 엄하시기만 하신 것은 아니었습니다. 그시절 온 가족이 내수읍의 초정약수터로 나들이를 간 적이 있습니다. 아버지는 버스 안에서 탄산이 가득한 광천수의 참맛을 보여 주겠다며 우리 남매에게 건빵을 계속 권했습니다. 건빵을 먹으면 자연히 목이 마르고, 목이 말랐을 때 기포가 튀는 약수를 먹어야 더 맛나다고 생각하신 겁니다.

시원하고 달달한 칠성사이다 맛을 기대했던 우리 남매는 초정약수를 마시고 이내 얼굴을 찌푸렸지만, 아버지는 이 장면을 기대하셨던 것 같습니다. "세종대왕님이 이 물로 병을 고쳤다."면서 연신 권하며 웃으시던 그 얼굴만은 오래도록 마음에 남았습니다.

아버지 품에선 송아지

귀뚜라미 울음만 적요하게 깔리던 어느 늦은 밤이었을 겁니다. 마을 저편에서부터 트럭 소리가 올라오고, 헤드라이트 불빛이 뒤란을 거쳐 마당을 밝히면 아버지가 나타났습니다. 트럭에 남은 소가 한 마리도 없을 때 우리 가족의 기분은 좋아졌습니다. 남은 소가 없다는 것은 아버지가 샀던 소를 모두 팔았다는 것을 암시했습니다. 팔지 못한 소는 우사에서 사료를 먹여가며 키워야 했고, 무엇보다 솟값이 어찌 될지 몰랐기에 소를 다 팔았다는 것은 경사였습니다.

방에 들어선 아버지는 오란다와 쌀강정이 담긴 '옛날과자'를 우리에게 건넸고, 두툼하게 부푼 점퍼에 손을 넣어 신문지에 쌓인 현금 뭉치를 꺼내 어머니에게 건넸습니다. 아버지의 목소리가 방에 들어차고, 늦은 상을 차리느라 분주한 어머니의 소리를 들으면 우리 남매들도 덩달아 신이 나곤 했습니다.

아버지는 탁주를 들이키시다 기분이 좋아지면 남매들을 번갈아 꼭 껴안고 얼굴을 비비곤 하셨습니다. 그럴 때마다 아버지 품에서 숨을 쉬며 냄새를 맡았습니다. 아버지의 얼굴에선 막걸리 냄새가 났지만, 품에선 늘 소 냄새가 났습니다. 그래서 나에게 소 냄새는 아버지의 냄새였고, 밥이 익고 찌개가 끓는 행복한 집 냄새이기도 했습니다.

　어린 나이였지만, 아버지가 판 소가 우리를 먹여 살리고 있다는 건 잘 알았습니다. 어떤 날은 아버지가 가진 현금 다발을 노리고 조폭들이 뒤를 밟는 바람에 바로 집으로 돌아오지 못한 날도 있었습니다. 그 시절 큰돈이 오가는 우시장은 살벌하기도 했습니다.

　아버지가 소장수였던 시절이 있었지만, 그렇다고 늘 소만 팔고 다니셨던 것은 아닙니다. 아버지는 쌀장수로 시작해서 중국집을 하셨고, 강원도에 가서 탄을 캐는 탄부로 사시다 돌아와 과수원을 하며 양돈과 목우를 했습니다. 어려서는 몰랐습니다. 왜 아버지가 그렇게 다양한 일을 해야 했는지. 아버지는 물려받은 땅이 없었고, 사업할 수 있는 자본이 없었습니다. 오직 가진 것이라곤 맨몸 하나였습니다.

　　　　　　　　　　　　　　　　대통령들의 남자

아버지는 칠 남매 중 다섯째입니다. 할아버지가 일찍 작고하셔서 학교는 언감생심 문턱도 넘지 못하셨고, 어려서부터 일만 하셨습니다. 할머니는 둘째 큰아버지와 여섯째 작은아버지만 공부를 시켰습니다. 아버지는 나무를 해서 장에 팔거나, 남의 집 일을 해서 돈을 벌어 집안을 건사해야 했습니다.

아버지는 할머니로부터 15만 원을 받고 독립했습니다. 결혼한 이후에도 집안 형편은 나아지지 않았습니다. 아버지는 볏섬을 미곡처리장에서 정제하여 시장에 팔아 돈을 버셨습니다. 나중에 아버지가 청주 시내 사직동에 중국집을 열자, 어머니는 주방에서 일했습니다.

하시던 사업이 잘되지 않자 강원도 삼척 도계 탄광에서 일하셨습니다. 짧은 기간에 제법 돈을 만질 수 있는 일이었지만, 갱도 붕괴로 목과 허리를 다쳐 3년간 병원에 계셔야 했습니다. 이 기간 생계는 모두 어머니 차지였습니다. 어머니는 고추, 담배, 양돈을 하며 생계를 꾸렸습니다. 종류는 다양했지만 규모가 크지 않아 많은 돈을 벌지는 못했다고 합니다. 그중 담배 농사가 이문이 많아 어머니는 한동안 담배 농사에 집중했습니다. 이 시절 어머니는 막내를 포대기로 업고 형과 나를 광목으로 묶어

놓고 일하셨다고 합니다.

　병원에서 나오신 아버지는 문중 땅인 장재리 야산을 개간했습니다. 손가락 들어갈 틈도 주지 않던, 가풀막에 자갈이 촘촘히 박힌 박토였습니다. 잡목을 뽑아내고 수없는 괭이질 끝에 과수를 심을 수 있었습니다. 빈터에선 소와 돼지를 키웠습니다.
　인류가 농경을 시작했을 무렵, 그 형태는 땅을 개간해서 곡식을 얻고 울대로 가축을 가둬 키우는 것이었다고 합니다. 아버지의 노동이 딱 그랬습니다. 가장 정직하고 원초적인 형태로 경이로운 자연의 결실을 얻는 작업입니다. 나는 지금도 땅을 일군 사람만이 가질 수 있는 선량하고 꿋꿋한 심성 같은 것이 있다고 믿습니다. 그런 성품이 아버지에겐 있었습니다.

　과수원이 자리를 잡자 아버지는 소장수로 전국을 누볐습니다. 그 땅엔 과수원과 축사, 그리고 무엇보다 20여 년간 우리 식구를 지탱했던 고향집이 있었습니다. 그런데 내가 대학 다니던 시절, 친족들이 그 땅을 팔았습니다. 아버지가 집안의 상속 순위에서 멀었기에 어쩔 수 없이 내수읍에 작은 빌라를 구해 들어갈 수밖에 없었습니다.

결혼한 후에 아버지 꿈을 꾸곤 했습니다. 함박웃음으로 들어온 아버지가 허름한 점퍼에 손을 넣어 작은 송아지들을 꺼내 놓는 장면입니다. 노란 물결로 출렁이는 한적한 시골 국도를 가다 보면 그 시절 그 냄새가 차 안으로 들어올 때가 있습니다. 아이들은 코를 막고 창문을 닫아 달라고 합니다만, 그 향기는 내겐 방 안을 밝히며 들어오시던 아버지의 점퍼와 소 냄새를 소환합니다. 그래서 그날 가을밤의 정경이 선연히 펼쳐지는 것입니다.

위대한 유산

아버지는 물론 어머니도 말씀이 많으신 편이 아니었습니다. 유년기에 예법을 강조하신 이후로는 공부나 집안일과 관련해선 특별히 꾸중하신 적이 없었습니다. 간혹 방학 때 생활이 흐트러져도 잔소리를 하지도 않으셨습니다. 가훈도 뚜렷하지 않았습니다. 그 시절엔 가훈을 담은 액자 하나 정도는 걸어 놓은 집이 많았습니다.

국민학교 시절 학교 선생님들은 집안의 가훈을 적어 와서 발표하라는 숙제를 주곤 했습니다. 가장 많이 나왔던 가훈이 '가화만사성(家和萬事成)'이었습니다. 크리스천 집안에선 '믿음 · 소망 · 사랑'이 단골 메뉴였고, '정직'이라는 가훈도 참 많았습니다. 아버지가 군인이었던 한 아이는 '정리정돈 7시 기상'이라는 참으로 군인다운 가훈을 적어 와서 교실을 웃음바다로 만들기도 했습니다.

가훈은 없었지만, 부모님의 가르침이 모두 언어로 표현되지는 않습니다. 우리 부모님은 말로 훈계하지 않으셨습니다. 그저 매일을 치열하게 사셨고, 이를 통해 자식들이 자연히 성숙하길 기다리셨던 것 같습니다. 요즘 말로 하자면 '비언어적 훈육'입니다. 매일 고되게 노동하는 모습을 보며 자랐기에 우리삼 남매에겐 집안일이란 특별한 노동이 아닌 고생하시는 부모님을 돕는 것일 뿐이었습니다.

또 밭을 가꾸고 돼지 먹이를 주고 똥을 치우는 일이 자연스러웠습니다. 여름이면 팬티만 입고 돼지우리에 들어가 분변을 치웠는데, 꾀 많았던 형은 호스로 물을 뿌리는 '우아한 작업'만을 고집하기도 했습니다. 돼지가 새끼를 낳다 죽으면 새끼 돼지를 씻기고 품에 안아 우유를 먹이는 일도 내 차지였습니다. 그리고 '돼지파동'으로 돼짓값이 폭락하면 삽으로 구덩이를 파서 손수 키운 돼지를 울며 묻기도 했습니다.

한번은 아버지가 오래 집을 비웠던 적이 있습니다. 벌겋게 달궈진 얼굴로 돌아오신 아버지는 말씀하셨습니다.

"돈 백만 원으로 목장 소 백 마리를 아도 쳤다."

소 한 마리에 계약금 만 원꼴로 계약하고 소를 판 후에 다시주인에게 값을 치렀다는 말입니다. '아도 쳤다'는 말은 우시장에 나온 소 대부분을 아버지가 샀다는 뜻입니다. 단돈 백만 원에 소를 내어 준 소 주인은 아버지를 단단히 믿었나 봅니다. 저에겐 그 말씀이 세상 그 어떤 이야기보다 훌륭한 경제학 수업이었습니다. 손에 쥔 돈만이 자산이 되는 것이 아니고, 신용이 있다면 얼마든지 기회가 온다는 뜻이었습니다. 그래서 사람이 돈 없이는 살아도 신의 없이는 못 산다고 말씀하셨던 것입니다.

아버지가 생각하신 신의는 그저 사업을 위한 신용만은 아니었습니다. 10년 전이었을 겁니다. 아버지가 트럭에 쌀 포대를 싣고 멀리 강원도에 다녀오신 적이 있었습니다. 아버지가 사업에 실패해 작은 집을 구해야 할 때, 아주 싼값으로 집을 구해 주며 도와주신 분을 뵈러 간다고 했습니다. 전화번호는 없고 다만 그 동네는 알고 있기에 무작정 떠나신다는 겁니다. 다행히 아버지는 그분을 만나 은혜를 갚을 수 있었다고 만족스러워하셨습니다.

나중에 아버지가 혈액암 4기 진단을 받고 몸겨누웠을 때에도 이 신의는 빛을 발했습니다. 아버지의 지인들이 수시로 집에 들러 쇠고기와 버섯, 약재 등을 두고 가서 주방이 가득 찼다는 말씀을 어머니로부터 전해 들었습니다. 돈은 있다가 없을 때가 있지만, 돈 없을 때에도 '내 사람'이 많으면 살 수 있겠구나 싶었습니다.

사람을 귀하게 대하고, 작은 약속이라도 지켜야 한다는 생각은 점차 나의 인생관으로 자리 잡았습니다. 아버지의 생활이 나에겐 가장 위대한 유산이었습니다.

개망초 고랑 사이에서

어머니는 종일 밭에서 사셨습니다. 담배, 고추, 참외, 수박, 과수원 등 일은 끝이 없었고, 들에서 돌아오시면 축사를 돌보셨습니다. 몸집이 제법 커진 나는 어머니를 따라 밭에 나가 일했습니다. 고랑 사이에 아지랑이가 어지럽게 피어오르는 봄날의 밭일은 특히 고되었습니다. 밭일을 하다 허리가 아프면 일어나서 어머니를 살폈습니다. 어머니가 언제 쉬시나 보려 한 것이지요.

그럴 때마다 하얀 두건을 둘러맨 어머니는 웅크리고 호미질만 할 뿐이었습니다. 어린 나이였지만, 한숨이란 것을 그때 배웠던 것 같습니다. 나는 깊은 한숨을 내쉬고 다시 호미질을 할 수밖에 없었습니다. 얼마만큼 시간이 지나 다시 일어나면 어머니는 한참이나 앞서 나가 개망초와 자운영 사이에서 하얀 꽃으로 소실되었습니다. 어머니가 쉬지 않고 일하셨기에 불평할 생각 없이 집안일을 돕는 것이 그저 도리라고만 생각했습니다.

가끔 어머니는 커다란 갈색 대야에 물을 받아 형과 나를 목욕
시켰습니다. 목욕을 마치면 어머니는 짜장면을 만들어 주셨는
데, 이것이 별미였습니다. 어머니가 중국집에서 아버지를 도와
일하신 적이 있다는 말은 참말이었습니다. 중화면이 아닌 소면
을 삶아서 만드셨지만, 우리 남매에게 그 짜장은 세상에서 가
장 맛있는 음식이었습니다. 친구들은 특별한 날 읍내에 나가
짜장면을 먹을 수 있었지만, 어머니는 무려 짜장면을 직접 만
들어 주셨으니 어머니가 얼마나 대단하게 보였겠습니까.

　어머니는 못 만드는 음식이 없었던 것으로 기억합니다. 장마
철에 범람한 개천에서 잡은 물고기나 논두렁의 소(沼)에서 잡은
미꾸라지를 드리면 언제나 맛난 매운탕을 끓이셨습니다. 부모
님도 맛나게 드셨기에 무척이나 뿌듯했던 기억이 납니다. 어머
니의 레시피는 다양했습니다. 감자탕, 김치만두, 추어탕, 매운
탕, 삼계탕, 콩비지 등.
　지금이야 핸드폰을 열면 각종 레시피를 확인할 수 있지만,
1970년대가 어디 그런 시절인가요. 요리 비법은 대체로 전수되
거나 「여성중앙」 같은 책을 통해 봐야 알 수 있었습니다. 나는
지금도 가리는 음식이 없고, 어떤 음식이든 그 본연의 맛을 즐
기는 편인데, 이런 입맛은 어머니가 해 주신 다양한 음식으로

인한 것이 아닌가 생각합니다.

 '검이불루(儉而不陋)'라는 말이 있습니다. 검소하지만 누추하지 않는다는 말인데, 이 아름다움을 잘 보여 주는 유산이 조선의 '달항아리'라고 하지요. 어머니는 이 달항아리 같은 분이셨습니다. 꾸밈이 없어 단아하고, 검소하되 누추하지 않은 삶을 사셨습니다.

 지금도 기억에 남는 장면이 있습니다. 어머니와 함께 간 읍내에서 바닥에 떨어진 지폐 한 장을 본 적이 있습니다. "엇, 돈이다. 엄마!" 하며 내가 가리키자 어머니는 내 손을 움켜쥐시며 돈이 떨어진 자리를 피해서 걸으셨습니다.
 당시에는 어머니 행동이 이해 가지 않았습니다. 돈을 주워서 주인을 찾아 줄 수도 있고, 주인을 못 찾는다면 땅에 떨어진 돈이니 취해도 되지 않느냐고 생각했지요. 어머니는 바닥에 떨어진 돈이 무섭다고 하셨습니다. 돈이 왜 무섭냐고 묻자 어머니는 웃으시며 말하셨습니다.

 "네 것이 아니면 만지지 말고, 어찌할 생각조차 하지 말아라."

어머니는 마음속에서 일어날 수 있는 작은 동요조차도 조심해야 한다고 여기신 듯합니다. 그런 어머니가 당신의 밭에 떨어진 곡식 낱알은 한 톨도 그냥 지나치지 못했습니다. 쌀 한 톨이야 그렇다고 쳐도 수수와 조, 깨와 같이 작은 낱알 한 톨도 주워 담아야 성미가 풀리셨습니다. 그래서 우리 남매도 밥 먹을 때 단 한 톨도 남기지 않고 깨끗이 먹는 것이 당연했습니다.

어머니는 값나가는 재물과 물건을 두려워하셨습니다. 지금도 집에 가전제품이나 약간 값나가는 선물을 들고 가면 여지없이 어머니의 얼굴엔 두려운 빛이 스칩니다. "어머니, 저 이제 돈 있어요."라고 말씀드려도 소용없습니다. 마음이 불편하신 겁니다. 우리 어머니는 그런 분입니다.

엄마 한숨은 왜 짠가

북이국민학교를 졸업하고 청원군 북일면의 내수중학교에 입학했습니다. 그땐 공부보다 노는 것이 더 좋았습니다. 당시 교실에선 4명의 학생을 한 분단으로 묶어서 공부 잘하는 아이가 분단장이 되어 나머지 아이들의 공부를 도왔습니다. 나는 늘 분단장 아이의 옆에 앉아 학습 지도를 받는 공부 못하는 아이였습니다. 틈만 나면 친구들과 함께 운동장에서 공을 차며 뛰었고 천변에서 고기 잡느라 시간 가는 줄 몰랐을 때입니다. 오히려 공부는 막내 여동생이 잘했습니다.

그러던 어느 날 체육시간에 정신을 잃고 쓰러졌습니다. 선생님과 부모님은 단순한 빈혈로 생각했지만, 다음 날 청주 시내의 소아과에서 검사한 결과, 신부전증을 진단받았습니다. 약을 처방받았지만 병세는 호전되지 않고 악화되었습니다. 결국 중학교에 들어가자마자 휴학을 해야 했습니다.

신부전증은 신장의 기능이 점차 상실되어 가는 병인데, 병세가 급속도로 나빠지면 구토와 경련, 저혈량 쇼크까지 동반합니다. 유전적 요인이나 간경화와 패혈증, 탈수 증상의 반복이 원인이 될 수도 있다고 합니다. 증평의 수녀병원, 충남대병원 등에서 치료를 받았으나 병은 호전되지 않았습니다.

이 시절 어머니는 눈물바람으로 다니셨습니다. 신부전증에 좋은 약을 판다는 꽃다리약국을 다니며 약을 받아 왔고, 옥수수수염 달인 물, 호박에 미꾸라지를 넣어 달인 찜, 썩은 뽕나무 국물로 끓인 팥죽, 굼벵이볶음, 미꾸라지 삶은 물, 닭똥을 여과해 끓인 물, 한약재 등 쓸 수 있는 요법은 다 동원했습니다. 모두 먹기 쉽지 않은 약이었지만, 어머니 정성을 생각해서 늘 군말 없이 사발을 비웠습니다.

충청권에서는 충남대병원이 가장 신뢰할 수 있었지만, 병원비가 만만치 않았던 것 같습니다. 그래서 충남대병원에서 치료받다가 충북도립병원으로 전원해서 치료를 받았습니다. 입원후에도 자주 쓰러졌고 예고 없이 발작하곤 했습니다. 양쪽 신장이 모두 망가졌기에 신장 이식도 여의치 않았다고 합니다.

당시 나를 진료하셨던 분은 김숙자 소아과 과장님이었습니다. 이분을 만난 건 행운이었습니다. 김숙자 선생님은 열성적이었고, 새로운 임상 결과에도 깊은 지식을 가지고 있었습니다. 미국과 독일 등의 의료 선진국에서 좋은 결과를 얻은 새로운 치료법을 적극적으로 사용하셨습니다.

　맵고 짠 음식을 먹으면 안 되었기에 1년간 흰죽에 구운 김만 먹으며 식단을 관리했습니다. 잘 못 먹으니 영양 결핍으로 또래보다 키가 작았습니다. 시간이 지나 병세가 호전되어 처음으로 간장을 약간 타서 죽을 먹었는데, 그 맛을 잊을 수가 없습니다.

　그 시절 시골에서는 아이가 몸이 아프면 다른 어른의 수양아들이 되는 풍습이 있었습니다. 어른들은 "아들을 판다"라고 표현했습니다. 그리고 거기에 더해 아이 운명을 바꾸기 위해 개명하기도 했습니다. 나는 개명까지는 아니지만, 집에선 '서해정'이라는 이름으로 불렸고, 아버지는 도장까지 파서 주셨습니다. 그렇게 나는 음성에 계신 임평재 아버님의 수양아들로 보내졌습니다.

　수양아버지는 아버지가 소 장사를 할 때 만나서 벗이 되었는데, 당시 충북 음성에서 인삼을 기르고 사슴 농장을 하셨습니다. 크게 성공하셨기에 지역에선 유지로 활동하고 계셨습니다. 방학이면 수양아버지 댁에 가서 지냈는데, 내외분 모두 정말 친부모님처럼 나를 살갑게 대해 주었습니다. 중·고등학교 졸업식에는 꽃다발을 들고 직접 오셔서 용돈을 주시고 맛난 요리를 사 주셨습니다.

나 또한 명절 때 찾아뵙고 큰 소리로 "아버지, 저 승우 왔습니다!" 하며 아버지를 찾았습니다. 수양아버지 댁에는 항상 지역의 유력한 정치인들이 모여 앉아 이야기를 나누곤 했습니다. 아버지는 기왕이면 음성 지역에서 사회적으로 성공하고 정치적 식견이 있는 친구에게 나를 보내려 했던 것 같습니다.

수양아버지 동네가 음성군 원남면이었는데, 이 동네 수재가 바로 반기문 전 유엔사무총장입니다. 반 총장은 수양아버지에겐 후배였는데, 내가 제법 공부를 잘한다는 것을 아시고는 "반기문은 공부 잘해서 서울대 외교학과에 입학해 외무고시 합격하고 하버드대학교까지 갔다."면서 나 또한 서울대에 가면 큰 사람이 될 수 있다고 말씀하셨습니다. 자라면서 반기문이라는 이름은 잊었지만, 공부 잘해서 하버드까지 간 음성 원남면의 청년 이야기는 오랫동안 머리에 남았습니다.

나중에 서울대 외교학과에 합격하고 또 행정고시를 패스해서 찾아뵐 때마다 버선발로 뛰어나와 내 손을 보듬으며 기특하다고 말씀하시며 웃으시던 그 얼굴이 아직도 기억납니다. 수양아버지는 2015년에 작고하셨습니다.

발병의 원인을 정확히 알 순 없었지만, 신장이 망가진 계기가 감염에 의한 패혈증일 수도 있다는 말을 들은 어머니는 오랫동안 자책하셨습니다. 어머니는 종내 당신께서 내게 무엇을 잘못 먹였나를 더듬어 생각했습니다. 지난봄에 구워 준 돼지고기가 문제였을까, 무릎에 생채기 난 채로 돼지우리 청소를 한 것 때문일까. 어머니의 자책은 한숨이 되었고 늦은 밤까지 이어지곤 했습니다. 어머니는 부처님께 빌며 불경을 암송하셨고, 아이의 생명을 구한다는 삼신께도 기도했습니다.

그해 겨울밤이었습니다. 저녁을 먹고 약에 취해 잠이 들었습니다. 소피가 마려워 일어나려는데, 머리맡에 앉은 어머니의 눈길이 느껴졌습니다. 형광등이 껌뻑거리며 졸던 그 새벽의 어머니 한숨은 내 이마를 타고 온 방 안을 적시고 마당으로 흘렀

대통령들의 남자

습니다. 나는 어머니 숨결이 참으로 따뜻하여서 나를 보호해 준다는 느낌을 받았습니다. 그리고 눈물이 얹힌 한숨이 짜다고 생각했습니다.

소피가 마려워 더는 견디지 못하고 눈을 떴습니다. 새벽임에 도 문창이 하얗게 빛나고 있었습니다. 문을 열고 나가 보니 달 빛이 밤새 내린 눈밭 위에 가득했습니다. 아니, 하얀 들판이 새 벽달을 밝히고 있었습니다. 그렇게 어머니의 소망이 마당을 가 득 채우며 빛나고 있었습니다.

아버지와 내수중 이재복 담임 선생님

1985년 내수중학교 졸업식. 좌로부터 여동생, 수양어머니, 어머니, 수양아버지

수양부모님과 함께. 아플 때 자식처럼 아껴 주시며 꿈을 키워 주셨다.

　　　　　　　　　　　　　　　　　　　대통령들의 남자

사람의 마음

어느 정도 병세가 호전되자, 병원을 나와 청주의 이모부 댁에서 지냈습니다. 사촌 형님은 당시 대학생이었는데, 휴학 중이던 내게 영어와 수학 과제를 내주시고 점검했습니다. 이때 사촌 형님의 돌봄 때문에 공부하는 습관을 들일 수 있었습니다.

다시 중학교 1학년으로 복학했습니다. 운동할 수 있는 몸이 아니었기에 내가 할 수 있는 일이라곤 집과 교실에서 교과서를 들여다보는 것뿐이었습니다. 휴학 당시의 학기 성적이 안 좋았기에 나는 반에서 열등생으로 분류되어 다시 분단장 옆자리로 배정받았습니다. 그런데 1년 동안의 칩거에서 익힌 공부 습관이 빛을 발했습니다. 첫 시험에서 거의 전 과목 만점에 전교 1등을 차지한 것입니다. 담임 선생님은 물론 나조차도 기대하지 않았던 성적이었습니다.

그날 이후 모든 것이 달라졌습니다. 무엇보다 나를 향한 선생님과 급우들의 시선이 달라졌습니다. 그때부터 스스로 "나는 공부에 재능이 있다."고 생각하게 되었습니다. 주변에서 인정받으면서 자존감이 높아졌고, 그래서 더 공부에 열중했습니다. 충청북도 전체 4등의 성적을 얻기도 했으니, 문중 어르신들은 가문에 수재가 나왔다고 기뻐하셨습니다.

이후 청주의 세광고등학교로 진학했습니다. 이후로도 줄곧 좋은 성적을 유지했습니다. 다만 영어는 청주 아이들에 비해서 많이 뒤처졌습니다. 영어를 따라잡기 위해 무던히 노력했던 것 같습니다.

집에서 학교까지 거리가 멀었기에 부모님께 요청해서 학교 인근에서 하숙을 했습니다. 공부는 열심히 했지만, 어머니의 시선에서 멀어진 나는 공부를 핑계로 밥을 자주 걸렀습니다. 몸은 나의 방종을 용납하지 않았습니다. 고2 때 신장염이 재발한 것입니다. 나를 치료해 주셨던 김숙자 선생님이 청주에서 소아과를 개원했다는 말을 듣고 그곳에서 치료했습니다. 다시 휴학을 할지, 공부와 치료를 병행할지를 선택해야 했는데 담임 선생님은 학교를 다니며 치료할 것을 권했습니다.

한국 남자는 고등학교를 졸업한 만 19세에 병역 신체검사를 받습니다. 하지만 나는 1년 휴학했기에 고3 때 신검을 받았습니다. 결과는 5등급인 제2국민역. 신부전증으로 병역을 수행하기에는 부적합한 자원이라며 면제 판정을 받았습니다. 당시에 군대를 가지 않아서 이익을 얻는다는 생각은 해 본 적이 없습니다. 오히려 불리함이 먼저 보였습니다.

'군대를 나오지 않은 사람은 취업도 불리하다던데, 신부전증 병력으로 군을 면제받은 사람을 기업에서 채용할까? 남들 다 가는 군대를 안 간 남자를 여자들이 남자로 인정해 줄까?'

초보적인 운동도 하지 못하는 상태였기에 마음이 위축되었습니다.

대학 진학을 앞두고 담임 선생님은 충북대 사범대를 권하셨습니다. 4년 장학생과 매월 생활지원금을 받을 수 있다는 것이 그 이유였습니다. 어머니 역시 내가 충북 지역에서 교사가 되길 원하셨습니다. 몸이 약해 서울 생활이 고단할 것이고, 유학 비용도 만만치 않으니 안정적인 교육공무원이 좋겠다는 뜻이었죠.

그런데 나는 이미 서울대학교를 염두에 두고 있었습니다. 전교 1등을 유지하고 있었고, 서울대학교에 충분히 합격할 수 있는 성적이었습니다. 서울대에 가겠다고 하자, 담임 선생님은 법대를 추천했습니다. 지금도 그렇지만 당시 지방에서 서울대 법대의 위상은 엄청났습니다. 판검사야말로 '개천에서 용 난' 인생역전의 상징이었으니까요.

　그런데 나는 남들 보기에 그럴듯한 성공 신화가 아닌, 구체적으로 나라와 사회에 기여할 수 있는 사람으로 성장하고 싶었습니다. 당시만 해도 법조인은 힘 있는 사람이라는 인식이 있었지만, 공동체에 헌신하는 사람이라는 시선은 별로 없었기에 더 그랬는지도 모르겠습니다. 막연했지만 세상에 도움이 되어야 한다는 생각은 분명했습니다.
　담임 선생님은 나라를 위해 일하려면 외교관 또는 행정공무원이 좋겠다고 말씀하셨습니다. 지금 생각하면 '외무(外務)와 내무(內務)'라는 국가행정의 양축을 담임 선생님께서 통찰하고 있었던 것 같습니다. 그런데 서울대에는 행정학과가 없었기에 외교학과를 선택했습니다.

　대학에 합격했을 때 마을에 현수막이 걸렸는지 기억나지 않습니다. 부모님은 무척 기뻐하셨지만, 합격 소식을 듣고도 얼굴엔 그늘이 드리워져 있었습니다. 학비와 생활비를 줄 수 있는 형편이 아니었기 때문입니다.

"아버지, 첫 등록금만 내주시면 다음 학비와 생활비는 제가 벌겠습니다. 죄송합니다."

그렇게 서울대학교 외교학과 88학번으로 입학했습니다. 당시 집안 사정이 위태로웠다는 건 나중에 알게 되었습니다. 방학을 맞아 집에 가려고 전화했는데 아버지는 바뀐 집 주소를 읊어 주셨습니다. 이사를 해야 했을 정도로 어려웠는데, 아버지는 대학에 합격한 아들에게 그 말을 차마 하지 못하셨던 것입니다.

마음대로 되지 않는 것이 인생이라고 합니다. 청년 시절의 꿈을 직업으로 실현하고 사는 사람 역시 많지 않습니다. 하지만 사람의 마음만큼 힘이 센 것도 없다는 것을 그 시절 알게 되었습니다. 만년 열등생이었던 내가 전교 1등의 자리를 유지할 수 있었던 것도 나 자신에 대한 마음이 바뀌면서부터였고, 타인에게 헌신하고 싶다는 마음은 나를 지방을 전문적으로 돕는 공무원으로 이끌었습니다.

나중에 결혼하고 나서야 알게 된 마음도 있습니다. 바로 여동생의 마음입니다. 동생 역시 공부를 무척 잘했지만, 상고를 선택했습니다. 당시에는 동생이 공부보다는 돈을 벌고 싶었구나 생각했지만 아니었습니다. 나의 대학 진학이 확실해지자 동생은 집안에 보탬이 되려고 생업 전선을 선택했다고 합니다. 이 사실도 어머니를 통해 들은 것입니다. 혼자 힘으로 자라는 나무는 없는 법입니다.

버들골에 바람이 불면

몸이 아파 공부에만 열중했던 터라 대학에서는 제2의 인생을 살겠다고 다짐했습니다. 적극적으로 친구를 사귀고 세상의 목소리에 귀를 기울이며 경험하지 못했던 미지의 것을 체험하겠다는 결심이었죠. 모든 친구들과 어울리길 원했고 학과 활동에 적극적이었습니다.

1987년, 88년은 학생운동의 전성기였습니다. 과를 상징하는 깃발을 들고 시위에 나가는 것이 보편적이었습니다. 시위에 참석한 학생을 운동권이라고 규정하지도 않았습니다. 왜냐면 같은 과 동기 중에서 시위에 나가지 않은 학생을 찾기가 더 어려웠던 시절이었으니까요.

1987년 민주화운동의 도화선이 된 사건이 서울대 박종철 선배 치사 사건이었습니다. 기억하겠지만, 한 수배자의 거처를 알아내기 위해 그의 후배를 잡아 와 치안본부 대공분실에서 물고문을 하다 사망한 사건입니다. 이어서 6월에 연세대학교 이한열 학생이 머리에 최루탄에 맞아 사망하는 사건이 발생했습니다. 4·19 항쟁의 도화선이 되었던 김주열 열사 사망 사건과 무척 닮아 있었습니다.

1987년 민주화운동으로 대통령 직선제는 쟁취했지만, 군부독재의 잔재가 여전히 힘을 발휘하던 시기였고 5·18 광주 학살 등의 과거사에 대한 진상 규명도 이루어지지 않은 시기였습니다. 그때 대학가에서 가장 중요한 구호 중 하나는 "5·18 광주 학살 진상 규명과 책임자 처벌"이었습니다.

그 시절 학생운동은 여론을 주도하는 힘이 있었습니다. 당시 언론사 「시사저널」은 "한국에서 가장 영향력이 강한 집단이 무엇입니까?"라는 질문으로 여론 조사를 했는데, 응답자들은 '전대협(전국대학생대표자협의회)'을 3위로 꼽을 정도였습니다. 그해 겨울 국회에선 5공 비리 청문회와 5·18 민주화운동 진상조사 청문회가 열렸는데, 이것 역시 국민 여론의 힘으로 열렸다고 봐야 합니다.

교정에선 박종철 열사의 사망주기인 1월 14일에서부터 시작해서 5월을 정점으로 시위가 끊이지 않았습니다. 나 역시 이 거대한 시대의 격류 앞에서 비켜서 있을 수 없었습니다. 심장이 터질 듯한 긴장감에 친구와 어깨를 걸고 가두로 나갔고, 난생처음 '지랄탄(다연장 최루탄)'을 맞고 눈물 콧물 다 빼며 뒹굴기도 했습니다. 보통 최루탄은 직선으로 날아와 터지는 방식인 반면, 지랄탄은 요란한 굉음을 내며 날아와 '지랄하듯' 이리저리 돌며 최루가스를 살포했습니다. 그래서 우린 이를 지랄탄이라 불렀습니다.

학교 앞 녹두거리는 해가 지면 일종의 해방구였습니다. 학내 집회가 있는 날이면 녹두거리의 주점에선 쉴 새 없이 구호와 민중가요가 터져 나왔습니다. 뒤풀이를 마친 학생들은 삼삼오오 자취방으로 산개해 시국과 사회를 논하며 토론하는 것이 일반적이었습니다.

그 시절을 격동의 계절이라고 말해야겠습니다. 대학 교정의 문이 열리자 감당할 수 없을 만큼의 자유와 정보, 그리고 심장을 짓누르는 고통이 한꺼번에 찾아왔습니다. 잔디밭에 쏟아지는 봄볕은 황홀했지만, 그만큼 눈이 시렸습니다. 도서관 뒤의 연못(자하연)길을 걸으면 신비로운 정취에 사로잡히지만, 조금 더 걸어 광장에 서면 광주에서 희생된 시민의 사진이 끝도 없이 이어져 있었습니다. 그렇게 내 청춘은 뜨거운 용광로의 복판에서 흔들렸습니다.

중·고교 7년간 묵언을 하는 수행자로 지내다가 갑자기 끝없는 지평선에 서서 거센 바람을 맞고 있는 느낌이었습니다. 초원의 복판에선 밤별 하나만 떠도 길을 찾을 수 있다고 합니다. 그런데 그 시절 나의 밤하늘엔 방향을 일러 줄 그 별 하나가 없었습니다. 강의실에 앉아도 교수님의 말은 모스 부호처럼 강의실에 떠올라 귀에 들어오지 않았습니다. 그해 겨울에 내가 받은 성적은 겨우 낙제를 면할 정도로 초라했습니다. 그렇게 길을 잃었습니다.

동맹의 결성

　대학 입학과 동시에 기숙사 생활을 했습니다. 내가 배정받은 동이 '타동'이었습니다. 우리 동엔 같은 과 동기들이 있었는데, 나는 이 친구들과 하루도 떨어져 있지 못할 정도로 깊은 정을 나눴습니다. 내 인생 가장 소중한 벗들을 이 시절에 얻었습니다. 우리가 늘 붙어 다녔기에 과 동료들은 우리를 '타동파'라 칭했습니다.

　벗과 함께 지내도 거스르는 것 없이 편한 관계를 막역지우(莫逆之友)라고 하지요. 우리 관계가 딱 그랬습니다. 속칭 '아삼육'이었습니다. 학교 잔디 광장인 버들골에 앉아 봄볕을 쬐다가도 누군가 "우리 어무이 보고 싶다!"고 말하면 바로 뭉쳐서 차표를 끊어 친구의 고향 대구로 달려갔습니다. 며칠 후 중간고사가 시작되는 데도 말입니다.

　한번은 제주도 여행을 위해 내려가다 태풍이 올라온다는 뉴스를 듣고 청송 주왕산을 들러 속초에 있는 친구 집으로 향한 적이 있습니다. 속초에 도착한 우리들은 울산바위를 껴안은 설악산의 장엄한 자태에 매료되었습니다. 누군가의 선창, "까짓 것, 가자!" 한마디에 우린 어떤 준비도 없이 허름한 운동화와 슬리퍼를 신은 채 산을 올랐습니다.

탐방로 안내판엔 '왕복 7시간 소요'라고 적혀 있어 대수롭지 않게 생각했습니다. 하지만 8부 능선쯤에서 숨을 고르고 있을 때 검은 구름장이 산머리를 짓눌렀고, 이어서 달구비가 주룩주룩 쏟아졌습니다. 어쩔 수 없이 대피소에서 하룻밤을 보냈습니다.

한편, 당일 저녁이 되어 약속 장소에서 우리를 기다리던 속초 친구는 하얗게 질려 갔습니다. 그땐 삐삐도 없던 시절이었으니까 연락할 길이 없었습니다. 필시 산에서 조난당했다고 생각한 친구는 경찰과 119산악구조대에 연락하며 동분서주했습니다.

다음 날 생쥐 몰골로 나타난 우리를 본 친구는 털썩 주저앉아 울먹이며 욕을 퍼부어 댔습니다. 그 모습을 본 우린 배를 잡고 웃었지요. 우린 젊었고 대책이 없었기에 낭만적일 수 있었습니다. 이 시절 타동파 친구들은 나의 유일한 거처였습니다.

'장밋빛 인생'이라는 카페에서 친구들과 담소를 나눌 때였습니다. 우리는 미래를 궁리했습니다.

"앞으로 우리 중 누구는 군대 가고 취업하고 그럴 텐데. 그리고 우리 6명 중 한 명은 직업 없이 살 수도 있지. 만약 우리가 성공한다면 우리들만의 아지트를 만들어서 같이 모이자. 그렇게 같이 가자. 어떻게? 구름에 달 가듯이!"

이렇게 만든 모임이 '나그네'입니다. 강나루 건너서 밀밭 길을 구름에 달 가듯이 가는 나그네. 박목월 시인의 시 「나그네」에서 영감을 얻었습니다. 우린 회원제로 운영하기로 했고, 결혼할 때에는 누구나 신부를 이곳으로 데려와 우리가 만장일치로 인준해야 한다고까지 못 박았습니다.

그리고 그 약속은 정말로 지켜졌습니다. 나를 포함해 친구들 모두 아내 될 사람을 대동해서 합류했고, 결혼 이후에도 만남이 이어졌습니다. 친구들은 내 아이들의 삼촌이 되어 주었고, 친구의 아이들은 서로 친구가 되었습니다.

멤버들은 모두 열심히 살고 있습니다. 강도현은 과기정통부 정보통신실장으로 일하며, 권기환은 외무고시에 합격해 아일랜드 대사를 역임하고 외교부 다자외교 조정관입니다. 구민교,

김범수는 서울대 교수가 되었고 박경추는 MBC 아나운서 국장으로 일하고 있습니다. 정치학과 출신의 이기윤은 SK텔레콤 임원이 되었습니다.

이들과의 만남은 지금도 이어지고 있습니다. 내 인생에서 가장 잘한 선택이 무엇이었냐고 묻는다면, 주저 없이 이 시절에 평생의 벗을 사귀고 아내를 얻은 일이라고 답할 것입니다.

국밥 앞에서

대학교 1학년 겨울방학 때 아버지가 교통사고를 당했습니다. 아버지 간병을 핑계로 휴학계를 내고 고향으로 내려왔습니다. 서울에서 학업을 계속한다고 길이 보이진 않았습니다. 넘어진 김에 쉬어 가자는 마음으로 청주에 내려와 고등학교 친구들을 만났습니다. 친구 대부분은 청주대학교나 충북대학교를 다니고 있었습니다.

친구들은 나의 대학 생활을 궁금해했습니다. 세광고 수재가 서울대에서도 치열하게 경합하며 열심히 생활할 것으로 생각했습니다. 집안 분위기는 이보다 더 적극적이어서, 어머니는 정성껏 차린 반찬과 수북이 쌓은 쌀밥으로 말없이 나를 응원하셨고, 형님과 여동생은 연신 대학 생활에 대한 질문을 던졌습니다.

그런데 나는 고향에 와서부터 풀이 죽었습니다. 사람들과 대화를 나눌수록 내가 작아지는 느낌이 들었습니다. 친구들은 모두 미래의 꿈이 분명했고 이를 위해 시간을 아끼며 살고 있었습니다. 지방대 출신이라는 편견을 실력과 스펙으로 극복하겠다는 계획도 있었습니다. 하루 계획이 조밀했고 고생하시는 부모님께 보은해야 한다는 마음도 강렬했습니다. 친구들과의 술자리가 익어 갈수록 나는 더욱 작아졌습니다. 그 감정의 실체는 지금 와 생각하니 자신에 대한 부끄러움이었던 것 같습니다. 나는 너무 막 살고 있었습니다.

아버지가 계신 병원 인근에 청주대학교가 있었기에 새벽에 집을 나와 청주대 도서관을 향했습니다. 햇귀도 오르기 전 어둑새벽 안개 속엔 일터로 향하는 사람들의 물결이 끝없이 이어졌습니다. 이른 시간이었지만 버스는 만원이었고, 자리에 앉은 사람들은 고단함에 연신 차창에 머리를 부딪치면서도 쪽잠을 청했습니다.

청주대 인근의 한 해장국집에 앉아 김이 올라오는 국밥을 한참 바라보았습니다. 아니, 참회했다는 것이 정확한 표현일 것입니다. 누군가의 땀과 노동의 연쇄 작용으로 마련된 국밥 한 그릇. 나는 이것을 먹을 자격이 있는 것일까. 그 아침에 느꼈던

대통령들의 남자

부끄러움이 정처 없던 나의 마음에 중심을 잡아 주었습니다. 그 국밥집에서 작은 결심 하나를 했습니다.

'나에게 부끄럽지 않게, 그리고 매일 땀 흘리는 사람들의 삶 앞에서 당당하게 살자.'

아버지가 퇴원하고 복학 준비를 하며 행정고시를 준비했습니다. 외무고시를 준비할 수도 있었지만, 그 무렵 선배들의 체험담을 통해 외교관보다 내무부 업무의 권한과 영역이 훨씬 넓고 만족도가 크다고 생각했습니다. 그리고 출신을 배려받으면 고향과 충청북도에서 일을 할 수 있다는 것도 알게 되었습니다. 해야 할 공부가 많았기에 그전까지 했던 과외 아르바이트는 그만둘 수밖에 없었습니다.

우선 가능성을 확인하기 위해 4개월 집중해서 공부했는데, 1차 합격 통지를 받았습니다. 2차가 본시험이지만, 가능성이 있다는 계시로 받아들였습니다. 이때부터 본격적으로 행정고시에 합격하기 위해 학교 인근 신림동 고시원에 들어갔습니다.

때론 피보다 진한

고시 준비를 할 때 마음먹은 것은 '될 때까지 공부한다'가 아니었습니다. 지금은 많이 사라졌지만, 과거 신림동과 영등포 일원에는 소위 '고시 폐인'으로 불리는 이들이 많았습니다. 3~4년 도전하다 안 되면 포기하는 것이 아니라, 40대까지 고시를 준비하며 쪽방에서 근근이 연명하는 이들이 워낙 많았기 때문입니다. 행정고시는 당시 35세 응시 연령 제한 규정이 있었지만, 사법고시는 학력과 나이 제한이 없었기에 수많은 고시준비생들의 청춘을 앗아 갔습니다.

내가 공부하던 고시원에도 소위 '도사'라고 불리던 형들이 있었습니다. 20대 초반부터 고시에 도전해서 30대를 바라보는 형들은 고시의 출제 경향과 공부법 등의 알짜배기 정보를 후배들에게 선사했습니다. 안타까운 사실은 형들이 일러 준 출제 경향이 실제로도 고급 정보였음에도, 정작 본인들은 합격하지 못했다는 것입니다.

행정고시는 우리 때에는 '행정고등고시'라 했고 지금은 '5급 국가공무원 공개경쟁채용시험'이라는 이름으로 실시되고 있습니다. 지금도 그렇지만, 당시에도 사법·행정·외무고시를 '3대 고시'로 분류해 대한민국에서 가장 어려운 시험으로 꼽았습니다. 행정법, 행정학, 경제학, 정치학, 재정학, 민사소송법, 민법, 영어 등 공부해야 할 영역이 워낙 방대한 데에다 출제 경향에 따라 수재들이 낙엽 떨어지듯 우수수 쓸려 나갔기 때문입니다.

행정고시는 3차 시험까지 진행되는데, 1차가 예비 심사의 성격이라면, 2차 시험이 본선이라고 할 수 있습니다. 마지막 3차는 면접 전형인데, 채용 인원의 1.3배수의 인원을 대상으로 1배수만 채용하고 나머지 0.3배수의 인원은 탈락시킵니다.

첫 도전에선 2차 시험에서 떨어졌지만 희망이 보였습니다. 학과 공부를 하며 학점을 채웠고, 1991년부터 3년을 목표로 고시에 집중했습니다. 당장 아르바이트를 하지 못해 경제적으로 힘들기도 했고 무엇보다 신림동 고시원에서 청춘을 묻을 순 없다는 생각에서였습니다.

　하루 14시간 공부했고, 오후 1시간은 근력 운동을 하며 체력을 유지했습니다. 워낙 에너지를 많이 쓰는 공부법이라 3일을 집중하면 진이 빠져 머릿속에 아무것도 들어오지 않는 상태가 됩니다. 좋은 영양소를 보충해 줘야 공부 체력도 생기는 법인데 수중엔 돈이 없었습니다.

　그때 나그네 멤버였던 강도현이 군에서 휴가를 나왔습니다. 외로웠던 시절이라 친구의 방문이 너무나 반가웠습니다. 군에 갔어도 여전히 사람 좋은 웃음을 지니고 있었고, 특유의 온화한 품성도 여전했습니다. 좋은 벗이 떠난 자리엔 아련한 차향이 남는다지요. 도현이 떠나고 고시원 책상 위에 통장과 도장, 그리고 쪽지 하나가 남겨졌습니다.

　"승우야, 고마웠다. 나는 지금 군에 있으니 이 돈이 필요 없다. 이 돈으로 고기도 사 먹고 고시원비도 내라. 힘내서 꼭 고시 합격해라. 응원한다."

　통장에는 5백만 원가량이 들어 있었습니다. 지금도 큰돈이지만, 고시생이었던 나에겐 단비와 같은 거금이었습니다. 도현이

우측이 내 사랑하는 벗 강도현이다. 당시에는 교련복을 체육복처럼 자주 입고
다녔다.

는 후배들에게 밥과 술 잘 사 주기로 유명한 친구였습니다. 인
정이 많아 주변에 늘 좋은 사람들이 있었죠. 하지만 진심이 담
기지 않으면 선뜻 건네기 어려운 큰돈이었습니다.

도현이의 후원으로 1993년 행정고시에 합격했습니다. 연수
원 생활을 마치고 1994년 4월 18일에 임용되었습니다. 제대하
고 돌아온 도현이는 내가 공부하던 책으로 행정고시를 준비했
습니다. 행정고시에 합격한 도현이는 내가 넘겨준 책과 족보(출

제경향이 담긴 정보) 덕분에 합격할 수 있었다며 좋아했습니다.

　살아오면서 아버지의 말씀이 참으로 옳다는 것을 자주 느낍니다. 그렇습니다. 사람은 돈 없이는 살아도 사람 없이는 살 수 없는 법입니다. 나는 지금도 대학 시절을 이야기할 때 도현이 이야기를 자주 하곤 합니다. 때로 벗과의 우정은 피보다 진하다고 합니다. 도현이는 내게 그런 벗입니다.

아름답다, 한정복!

고시생 시절의 은인으로 도현만 꼽으면 아내가 서운해할 것 같습니다. 아내는 내가 행정고시 준비를 결심했던 1990년에 만났습니다. 6촌 여동생인 서명옥에게 부탁해서 과 미팅을 했습니다. 요즘 청년들은 한신포차나 클럽에서 즉석 미팅을 한다고 하지요. 당시엔 일대일 소개팅도 많았지만, 과 미팅이라는 단체 미팅도 자주 했습니다. 과에서 각기 인원을 추려 다른 대학 학생을 만나는 방식이지요. 남녀가 일렬로 마주 보며 대화나 게임을 하며 친해집니다. 미팅이 끝날 때 즈음에는 사랑의 쌍곡선이 이어지고 희비가 엇갈립니다.

미팅 당일 우리 과 복학생 8명이 약속 장소에 나갔는데, 여학생은 10명이나 참석했습니다. 보통 여자가 적고 남자가 많아 마음에 드는 여성을 차지하기 위한 남자들의 쟁탈전이 벌어지곤 하는데, 이번엔 아니었습니다. 그래서 주선자였던 나에게도 기회가 있었습니다.

미팅이 끝나고 유독 한 여학생의 모습이 마음에 남았습니다. 무엇보다 예뻤고 행동거지가 당찼습니다. 명옥이는 그녀가 자기 학교 퀸카(Queencard)라고 했습니다. 당시엔 학교에서 가장 아름다운 여대생을 'ㅇㅇ대 여신' 또는 'ㅇㅇ대 퀸카'라고 했습니다. 이름은 한정복. 수도권의 한 대학에서 공부하고 있었습니다. 물론 "제 눈에 안경"이라는 말이 있지만, 친구들 모두 동의한 것이니 아내의 미모는 평균 이상이었다고는 할 수 있을 것 같습니다.

미팅이 끝나고 그녀에게 전화번호를 요청했습니다. 하지만 그녀와의 만남은 쉽지 않았습니다. 내가 전화할 때마다 수화기에선 부재중 신호음만 들려왔습니다. 나의 발신과 그녀의 수신은 마치 옛날 잠수함들의 교신과 같아서 둘 중 하나라도 물 밑에 있으면 교신이 불가능했습니다. 나는 하필이면 그녀가 집에 없을 때마다 전화를 했고, 그녀 역시 조용한 전화기를 보며 입술을 삐죽 내밀었을 것입니다.

나의 구애가 그녀에게 닿기엔 한 달이라는 시간이 필요했습니다. 단풍이 절정을 향해 달리던 10월 말, 그녀와 다시 만났습니다. 그녀와 다시 만나는 날 마침 청주에서 큰조카 돌잔치가 있었습니다. 나는 허름한 작업복에 돌떡을 싸 들고 그녀와 마주했습니다. 고시생 신분이라 변변한 옷이 없었습니다.

커피숍에서 앉자마자 가방에서 주섬주섬 떡을 꺼내 건네는 나를 보고 그녀의 웃음이 팝콘처럼 터졌습니다. 그녀가 웃자 바람이 불었고 창문 밖 파라솔은 빙그르르 돌며 춤을 추었습니다. 그녀의 눈동자 색깔을 확인한 그날, 나는 사랑에 빠졌습니다.

'문질빈빈(文質彬彬)'이라는 말이 있습니다. 바탕이 꾸밈을 이기면 야해지고, 꾸밈이 바탕을 이기면 사해지니 꾸밈과 바탕이 조화를 이루어야 한다는 말입니다.[1] 나의 여성관도 그렇습니다. 외모가 아름다워도 바탕(마음)이 빈약하면 마음에 차지 않습니다. 그녀는 당당했지만 예의에 벗어나지 않았고, 상대를 높여 주었지만 그로 인해 누추해지지는 않는 여성이었습니다. 그녀를 자주 만날수록 새로운 매력을 발견할 수 있었습니다.

[1]   質勝文則野 文勝質則史 文質彬彬 然後君子.

그녀와 사귀고 얼마 안 가 이 여성과 반드시 결혼해야겠다고 생각했습니다. 그녀와 나는 공통점도 많았는데 그중 하나는 가족에 대한 절실한 사랑입니다. 그녀의 집안도 잘사는 편이 아니었기에 부모님에 대한 나의 부채감만큼이나 그녀 역시 부모님에게 각별했습니다. 가정에 대한 이런 관점은 결혼 이후에도 이어졌습니다. 그리고 그녀는 나중에 내가 아파 누워도 끝까지 나를 지켜 줄 것만 같았습니다.

그녀와 사귀고 몇 달이 지나 그녀의 집 앞에서 지금의 장모님을 뵈었습니다. 장모님은 밖에서 만나지 말고 일요일마다 함께 밥 먹고 교회에 가자고 권했습니다. 장모님은 독실한 크리스천이십니다.

일요일마다 장모님이 차려 주신 음식들이 다 맛있었지만 그중에서도 김치가 일품이었습니다. 굴 등의 젓갈이 풍성하게 들어간 김치의 풍미는 고시원에서 먹던 김치와는 차원이 달랐습니다. 음식 가리지 않고 잘 먹는 것을 본 장모님은 이후 고봉에 가득 밥을 쌓아 올려 내가 한 그릇을 비우면 다음 그릇을 내밀곤 하셨습니다. 그렇게 받아먹다간 배가 터질 것 같아 나중엔 아내에게 부탁했습니다. 이후 장모님이 내미는 고봉밥이 약간 줄었습니다.

장인께서는 남대문에서 회를 떠 오셔서 남은 세꼬시로 매운탕을 끓여 주시곤 했는데, 이것도 명불허전이었습니다. 나는 이미 심리적으로 그녀의 가정과 한 식구가 되어 간다고 느끼고 있었습니다.

행정고시를 준비할 때 그녀는 헌신적으로 나를 지원했습니다. 누구는 고시 준비할 때 연애가 방해된다고 말합니다만, 내 경우는 그렇지 않았습니다. 그녀가 있었기에 더욱 정진할 수 있었고, 하루를 더 치열하게 살 수 있었습니다. 행정고시에 합격하고 그녀와 결혼하는 것은 당시 나에게 중대한 인생 계획이었습니다.

고시에 합격하기 전, 그녀와 함께 고향에 내려가 부모님께 인사드렸습니다. 부모님 모두 그녀를 마음에 쏙 들어하는 눈치였습니다. 다만 아버지는 중요한 시험을 앞두고 정진해야 할 시기에 이미 정인(情人)이 있다는 사실을 염려하셨습니다. 아버지는 행정고시에 합격하고 연애를 하면 어떻겠냐고 넌지시 제안하셨지만 그 말씀이 귀에 들어오지 않았습니다. "아버지, 미뤘다 하는 사랑이 무슨 사랑이겠습니까? 성공한 후에 구한 반려자는 싫습니다."라는 말이 목에 걸렸지만 그저 웃으며 염려를

덜어 드리고 돌아왔습니다.

　결혼은 마치 오랫동안 준비한 작전을 실행하듯 추진했습니다. 1993년 행정고시에 합격하자마자 날을 잡아 이듬해 4월, 과천의 중앙공무원교육원에 들어가기 전에 결혼했습니다. 내 나이 27살, 아내 나이 25살에 결혼했으니 당시에도 빨리 결혼한 편입니다.

　가끔 술자리에서 농담을 하곤 합니다. 재테크나 부동산, 주식 이야기가 나오면 나는 "현재 가진 자산이 총 5백억입니다. 평생 걱정이 없지요."라고 응수합니다. 이 말을 처음 듣는 사람들 눈이 휘둥그레집니다. 짧은 찰나에 복잡한 생각이 들 것입니다. '가진 게 많고 믿는 구석이 있었으니 매사 거침이 없었구나!'라고 생각하기도 하죠.

　"제 아내가 삼백억, 첫째 아들이 백억, 둘째가 백억. 이렇게 도합 5백억이 내 전 재산입니다!"

　그제야 사람들은 웃음을 터뜨리곤 합니다. 아내와 결혼하면서 속으로 결심한 것 하나가 있습니다. 아이를 낳고 세월이 흘러도 서승우의 아내, 아이의 엄마라는 이름의 조력자가 아닌 한정복이라는 이름을 가진 여성의 아름다움을 끝내 지켜 주겠다는 것이었습니다.

사랑은 우산을 씌워 주고 바람을 막아 주는 것이 아니라 쏟아지는 비를 함께 맞으며 손잡고 함께 걷는 것이라고 하지요. 나는 흠 많은 남자였지만, 우린 어려울 때마다 손잡고 걸어왔습니다. 그래서 가끔 얼큰하게 술이 올라 행복감에 들뜨면 밤하늘에 대고 이렇게 소리치는 것입니다.

"아름답다! 한정복, 싸랑한다!"

일타강사와 화수분

연수원을 마치면 행정고시 성적과 연수원 성적을 합산해 근무 부처를 결정합니다. 우선 본인이 희망하는 부서를 써서 제출하면, 성적순으로 배치하고 성적이 안 좋으면 자신의 의지와 상관없는 부서로 배치됩니다. 전통적으로 인기 있는 부서는 재경부, 문체부, 금감원 등이었습니다.

나는 오래전부터 고향 충북에서 일하기를 원했기에 내무부(현재의 행정안전부)를 지원했고, 1995년 1월 1일자로 충북도청에 배치되었습니다. 첫 보직은 충청북도공무원연수원에서 공무원을 대상으로 교육하는 것이었습니다. 연수원은 당시에 충북대학교 안에 있었습니다.

연수원에서의 성적은 승진에 직접적으로 반영되기에 학습 열기도 뜨거웠고, 성적에 대한 관심은 그보다 더 뜨거웠습니다. 나는 운이 좋아서 고등고시에 합격해 비교적 고위직이라 할 수 있는 5급 사무관에서 시작했지만, 9급 공무원이 5급 사무관이 되기까지는 통상 20년이 넘는 세월이 소요됩니다. 그러니 그들에게 공무원 연수 성적은 꿈을 좌우할 정도의 무거운 것입니다.

헌법, 행정법, 민법총칙, 행정학, 법제실무, 기획실무 등 11과목을 가르치며 나름 일타강사 대접을 받았습니다. 내가 교육을 담당하기 전까지 공무원 교육은 6급 공무원 또는 외부 강사가 담당했습니다. 그러니까 나는 교육원 개청 이래 최초의 행정고시 출신 교관이었던 것입니다.

행정고시 출신 교관이 교육하면 보다 전문적인 영역까지 이해할 수 있도록 도울 수 있습니다. 공무원의 업무가 고도화되면 결국 실정법의 영역에서 기획하고 해결해야 할 영역이 많아집니다. 나 역시 법학과 행정학에 대한 지식이 있었기에 자신 있게 교육할 수 있었습니다.

당시 교육원의 도·시·군청의 공무원들은 내 강의를 열성적으로 들었습니다. 수강생 대부분이 나보다 한참 위의 연배였고, 현장에서 수십 년 일하며 산전수전 다 겪은 베테랑이었습니다. 그분들은 "교재를 보면 혼란스러운데, 강사님 설명은 귀에 쏙쏙 들어온다."며 나를 만난 건 행운이라고 좋아하기도 했습니다. 그런 칭찬을 들으면 어깨가 으쓱하기도 하고, 이분들 열망에 보답해야겠다는 마음에 더 열성적으로 교수법을 연구하며 강의 준비를 했습니다. 나름 일타강사였던 셈이지요.

그 시절 신혼살림은 빠듯했습니다. 수습 생활을 할 때 월급이 47만 원이었고, 임용 후에도 생활은 쉽지 않았습니다. 나는 당시 퇴근 후 시간을 이용해 행정대학원을 다니고 있었습니다. 아내는 출산 후 직장을 그만두었고, 아이를 키우며 지출이 많아지자 빚에 빚이 얹어지는 형국이었습니다.

사무관 생활을 하면서 직원들에게 밥과 술을 사는 비용도 만만치 않았습니다. 마이너스 통장을 만들어 사용했는데, 그러다 보니 카드빚이 어느새 1천만 원을 넘어섰습니다. 나중에 신용에도 문제가 생길 지경까지 내몰려 어쩔 수 없이 아내에게 털어놓았습니다.

아내는 때로 나보다 통이 큰 사람입니다. 내 '고해성사'를 들은 아내는 별로 놀라는 기색도 없이 바로 행동으로 답해 주었습니다. 아내는 은행으로 가서 신혼집으로 장만한 아파트를 담보로 모든 빚을 청산해 주었습니다. 이후 아내가 내건 조건은 간단했습니다.

"오늘부터 카드 사용을 금합니다."

수중에 있는 만큼만 돈을 쓰라는 것이었습니다. 하지만 내 주변엔 늘 사람이 있었고, 동료에게 사 주는 밥값, 술값은 아끼진 못했습니다. 아내도 말은 그렇게 했지만, 내가 좋아하는 사람들에게 돈 쓰는 것을 타박한 적은 없습니다.

'화수분'이라는 말이 있지요. 아무리 써도 줄지 않는 보물 항아리나 맷돌 같은 사람을 뜻합니다. 우리 아내가 화수분입니다. 물론 아내가 돈을 찍어 내거나 주식에 성공한 적은 없습니다. 다만 궁할 때마다 아내는 요소요소에 적립해 두었던 돈으로 살림을 이어 갔고, 내 처지가 궁색하지 않도록 용돈을 챙겨 주었습니다. 화수분이 별것이겠습니까. 기근으로 당장 내일부터 굶을 것 같은데, 다음 날 아침에 뜨끈한 죽을 내오면 그게 바로 화수분이지요.

1993년 서울대학교 졸업식에서 사랑하는 아내와 함께

1993년 서울대학교 외교학과 졸업식에서 나그네 멤버들과 동기들

1993년 행정고시 합격 후 부모님께 음식을 대접해 드린 날

우리 잠깐 쉬어 가요

1부의 내용이 마음에 와 닿으셨나요?
그렇다면 체크해 보세요. 나와 서승우는 얼마나 닮아 있는지.

※ 대한민국 엄마들은 자식이 아프면 자책합니다. 정말
그럴까요?

– 「엄마 한숨은 왜 짠가」 편에서

□ '아니다' 상황에 따라 자책하지 않기도 한다.
□ '맞다' 자식이 아프면 엄마는 자책한다.

※ 대학 진학을 앞두고 담임 선생님은 충북대 사범대 졸
업 후 교사를 하라고 했지만, 서울대 외교학과를 갔습니
다. 이 선택은 옳은 선택이었을까요?

– 「사람의 마음」 편에서

□ '아니다' 충북대 사범대를 선택해야 했다.
□ '맞다' 서울대 선택이 옳았다.

2부

바다로, 바다로!

충북도청 국제통상계장

충북도청 오송바이오엑스포 유치부장

KDI 국제정책대학원

행자부 국제협력팁장

행자부 지방세제팀장

마중물이 바다를 만나듯

충청북도공무원연수원에서의 1년 6개월은 고향(충청북도)의 현실을 배우는 기간이기도 했습니다. 강단에 서 있었지만, 지역 공무원들의 질문 속에서 고뇌도 함께 읽을 수 있었습니다. 공무원의 역량을 성장시키는 교관 생활은 보람 있었습니다. 하지만 나는 강단 위에서도 현장으로 가고 싶다는 열망을 키워 갔습니다. 내가 땀 흘려서 구체적으로 바뀌는 현실을 직접 목도하고 싶었습니다.

당시 내 가슴 한복판엔 오래된 그 무엇이 똬리를 틀고 있었습니다. 나는 늘 그 똬리에서 울리는 소리를 따라 방향을 가늠했습니다. 서울대 외교학과에 들어가 외교관이 아닌 국가행정을 담당하는 행정공무원을 선택했고, 첫 근무지를 굳이 중앙이 아닌 충청북도로 가겠다고 결심했었습니다. 내가 걸어야 할 길은 '고향 길'이 되어야 한다고 생각했기 때문입니다.

옛날 과거에 급제하면 임금이 내려 준 술과 과일을 받았고, 복두에 어사화를 꽂고 고향으로 갔습니다. 집이 한양이면 가두에서 3일간 행진을 했고, 지방이 고향인 경우 무려 60일 휴가를 받았다지요. 지방의 수령은 고향에 당도한 급제자와 부모를 관아에 모셔 축하 잔치(영친의)를 열어 주었고, 급제자의 집에선 며칠 동안 지역민에게 대접하는 문희연을 했다고 합니다. 옛날 선조들이 꿈꾸었던 금의환향의 모습은 대략 이런 것이었습니다.

하지만 나는 비단옷 대신 작업복을 입고 땀 흘리기 위해 '고향 길'을 걷고자 했습니다. 1996년 충청북도 국제통상과(국제통상계장)로 발령받은 것은 그런 점에서 행운이었습니다. 임무는 충청북도의 국제통상 역량을 강화하는 것이었습니다. 지방자치단체의 국제 교류와 통상이라는 개념은 이제는 익숙한 개념입니다만, 당시에는 변화된 국제 환경이 요구하는 새로운 개념이었습니다. 그러니까 운 좋게도 내가 지자체의 세계화 흐름을 주도하는 마중물 역할을 하게 된 것이기도 했습니다.

1994년 김영삼 정부는 세계화를 표방했습니다. 이는 1990년 독일 통일과 1991년 구소련의 붕괴로 냉전 질서가 해체되자 장벽 없는 교역과 이동이 가능해진 시대적 흐름을 뜻합니다. 당시 우리나라도 1988년 서울올림픽을 유치한 이래 한소 수교(1990), 한중 수교(1992), 국제무역기구 가입(1995) 등으로 급변하는 통상환경에 대응했습니다.

여기에 더해 1995년 지방자치제가 부활되었습니다. 지방자치단체가 세계화의 흐름을 탈 수 있는 환경이 조성된 것입니다. 당시 우리는 세계화와 지방화라는 개념을 합쳐 '세방화(世方化)'라고 불렀습니다. 지방 정부가 얼마나 주도적으로 세계화에 대응하느냐에 지역과 국가의 미래가 달려 있기 때문입니다. 지자체의 통상 역량은 지역내총생산(GRDP: Gross Regional Domestic Product)을 좌우하기도 합니다.

지역내총생산이란 해당 지역에서 경제활동별로 얼마만큼의 부가가치가 발생되었는가를 나타내는 경제지표로, 쉽게 말해 시도별 GDP라고 할 수 있습니다. 모든 지자체의 꿈은 미래의 먹거리 산업을 확보해 자립 도시로 변모하는 것입니다. 즉, 지역 내에서 교육과 일자리, 주거와 복지를 모두 해결해, 요람에서 무덤까지 모두 해당 지역에서 해결 가능한 선순환 도시를 꿈꿉니다.

당시 충청북도의 국제 통상 역량은 수도권을 비롯해 경남, 경북, 전북, 강원에 비해서도 미약했습니다. 무엇보다 국제 교류와 통상 업무를 밀고 나갈 수 있는 인력 자체가 태부족이었습니다. 나는 국제통상과장에게 먼저 현황과 대책에 관한 보고서를 올렸고, 당시 이원종 지사(1998~2006)님은 사업을 세심하게 살폈습니다.

보고서에는 수준 차이가 크게 나는 수도권을 제외한 지자체의 사례와 통상 역량을 분석하고 충북의 국제경쟁력 강화 방안을 담았습니다. 지사님은 조직·인력·예산 등의 역량이 전국 평균 이상은 되어야 한다며 예산은 3배, 조직과 인력도 2배 넘게 보강해 주셨습니다. 이원종 지사님은 사업의 핵심을 짚어

2004년 미국 투자자 간담회에서 이원종 지사님과 함께

미래를 보는 능력이 있었습니다. 충청북도의 국제 통상 역량이
이 시기에 토대를 갖췄습니다.

업무 특성으로 인해 1년에 예닐곱 차례 국외 출장을 가야 했
습니다. 미국, 캐나다, 멕시코, 브라질, 아르헨티나, 호주, 중
국, 일본, 인도네시아 등을 다니며 해당 국가의 지방정부와의
교류·통상 업무를 주도했습니다. 길이 없는 황무지에서 새로
운 길을 내려 하니 해야 할 업무도 많았습니다. 외국 지자체와
의 자매결연 또는 우호교류협약에서부터 국제 통상 지원, 외국
자본 투자유치, 중소기업 수출 지원 및 교육 사업 등 방대했습
니다. 이 기간이 5년입니다.

10시간 넘게 비행기를 타고 공항에 내리면 담당자와 사전 미
팅을 합니다. 이후 각종 협약 자료와 보고서를 작성하기 위해
PC를 사용할 수 있는 호텔이나 PC방을 찾아 문서 작업을 하고
다시 호텔로 돌아와 팩스로 보냅니다. 지금과 달리 당시 해외
의 인터넷이 낙후했기에 팩스 보내는 시간이 그렇게 길 수 없었
습니다. 이후 보도 자료와 동영상을 재외공관을 통해 발송하면
새벽 3시가 훌쩍 넘곤 했습니다.

해외 통상 업무는 '체력전'이라고 봐도 무방합니다. 해외 출

장에서 돌아온 날은 이불 속에 구겨지듯 들어가 곯아떨어지곤 했습니다. 다음 날 아침 아내는 얼큰한 김치찌개에 계란말이를 식탁에 올려서 나를 행복하게 했습니다. "볼살이 쏙 빠졌다."는 아내의 걱정 어린 거짓말(!)도 맛난 반찬이었습니다.

이 시절 고단했지만 나의 업무 역량은 크게 성장했습니다. 해외 각지에서 쌓은 교분과 경험 또한 소중했지만, 이 시기 내가 얻은 최고의 자산은 사람이었습니다. 국내의 통상전문가와 외국 각 부처의 공무원, 그리고 기업인과 인연을 맺었습니다. 이들은 이후 내가 충청북도 기획관리실장, 행정부지사를 할 때 크게 도움을 주었습니다. 그 인연이 자라 지금은 벗이라 부를 정도의 사이가 되었습니다.

2022년 기준 충청북도의 지역내총생산액은 70조 1,000억 원이라고 합니다.[1] 충청북도는 2026년까지 '지역내총생산 100조 원 시대'를 열겠다는 호방한 계획을 공표했습니다. 지역을 아끼고 미래를 준비해 왔던 많은 이들의 땀이 모인 결과입니다. 물

---

1   "70조 원대 충북 GRDP, 2026년까지 100조 만든다". 뉴시스. 2023년 6월 12일.

론 여기에 제 지분은 매우 미약할 것입니다. 충청북도 세방화의 기틀을 다졌던 시절을 회고하며 이렇게 위안하곤 합니다.

'넘실대는 장강에 물 한 바가지 더하는 것은 별 의미가 없지만, 상류 발원지라 불리는 샘물에 약간의 물을 더하는 것은 큰 의미가 있지 않을까.'

이렇게 말입니다. 그 일은 보는 이에 따라 물 한 바가지 또는 주발 한 사발일 수 있겠습니다. 미래로 흐르는 미호천에 내 땀이 섞였다는 것은 어쨌든 기분 좋은 일입니다.

바람 찬 대지 위에서

2001년 벽두 황량한 들판 맵짠 바람 앞에 섰습니다. 청주시 주중동 옛 종축장(種畜場)[1] 부지였습니다. '부지조성설계도'를 따라 잡풀을 헤쳐 걸었습니다. 건물의 주춧돌이 놓일 곳과 사람의 물결이 흐를 곳을 가늠했습니다. 어떤 공간은 심장을 뛰게 합니다. 도시를 기획하고 새로운 산업의 터전을 고민하는 사람에게 빈터란 다른 의미로 다가옵니다. 그 들판에서 눈을 감으면 장엄하게 솟구칠 미래의 형상이 와락 달려들기 때문입니다.

2002 오송국제바이오엑스포(Bio Expo Korea 2002, 이후 '바이오엑스포')가 이곳에서 개최될 예정이었습니다. 당시 이원종 도지사는 충북의 전략산업을 두 방향으로 설정하고 있었습니다. 하나는

---

1   우수한 새끼를 낳게 하기 위하여 우량 품종의 가축을 기르고 교배시키는 장소.

2002 오송바이오엑스포 모형도

오창과학사업단지를 중심으로 한 정보통신산업이었고, 다른 하나는 당시 한창 조성 중이던 오송생명과학산업단지(당시 '오송보건의료과학산업단지')를 중심으로 한 바이오산업이었습니다.

당시 정보통신산업은 어느 정도 기반이 다져진 상황이었지만, 바이오 영역은 시작 단계에 있었습니다. 바이오엑스포는 새천년 충북의 미래 가치와 지역 경제를 담보할 산업의 부흥을 알리는 마수걸이 행사였습니다. 이원종 지사님은 '바이오토피

대통령들의 남자

아(Biotopia) 충북'이라는 카피를 즐겨 사용했습니다. 본뜻은 '대한민국 바이오산업의 미래, 충북'입니다.

당시 바이오엑스포를 준비했던 간부는 나를 포함해 19명이었습니다. 우린 스스로를 '바이오 전사'라고 칭했습니다. 나는 유치부장으로서 국내외 바이오 기업의 참가를 유치하고 관련 석학과 전문가들이 참여하는 학술대회를 조직하는 임무를 맡았습니다. 도지사님의 그림 속엔 5년간 국제 통상 업무를 전담해 왔던 내가 이 업무의 적임자라는 퍼즐이 이미 끼워져 있었던 것입니다.

업무는 생각보다 방대했고, 실무적으로는 복잡한 문제들이 산적해 있었습니다. 행사에 참여할 국내외 기업을 유치하고, 30일 동안(9.25.~10.24.) 열리는 전시홍보의 내용을 확보해야 했습니다. 그리고 바이오에 관심이 높은 국내 연구자에게 수준 높은 학술 정보를 제공하고 일반 참가자의 지적 호기심을 충족할 수 있는 컨벤션도 필요했습니다.

우린 104개의 외국 기업과 100개의 국내 기업을 유치할 수 있었습니다. 학술대회 역시 수준 높은 내용으로 채워졌는데, 세계 최초 줄기세포 발견자, 에이즈 바이러스 발견자, 나노기

바이오엑스포 조직위 요원들과 함께

바이오엑스포 홍보를 위한 동양일보 청주마라톤 완주 후

대통령들의 남자

술 연구자, 노벨화학상 수상자 등의 세계적 석학 18명이 연사로 참여해 2,300여 명의 국내 연구진과 대학(원)생에게 큰 호응을 얻었습니다. 이 기간 동안 국제 학술대회가 2회 개최되었고, 국내 바이오학회의 추계 학술대회 역시 바이오엑스포에 녹여 냈습니다.

연사들은 오송에만 머무르지 않았습니다. 각종 언론사와 인터뷰를 하고 서울대, 연세대, 포항공대, KAIST 등지에서 강연을 하며 '엑스포 효과'를 전국으로 확산했습니다. 전시홍보 행사였던 국제기업관의 운영은 실무적으로 어려웠습니다. 일반적으로 전시는 길어야 일주일 정도인데, 해외 기업을 30일씩이나 잡아 둔다는 것은 거의 불가능했습니다. 결국 일주일 단위로 5일 전시하는 방식으로 4회로 나누어 진행하는 것으로 해결했습니다.

바이오엑스포를 기점으로 현재 충북의 생명공학 관련 산업은 경기, 인천과 더불어 '3대 주자'의 위치로 성장했습니다. 그 비중 또한 과거 3%에서 28%로 상승하는 등 비약적 성장을 거듭하고 있습니다. 그리고 전략산업 역시 바이오헬스 화장품, 신재생 에너지 등으로 다각화되고 있습니다. 성장률로 따지면 전국 1등 수준입니다.

바이오엑스포를 계기로 나는 비로소 염원하던 구체적인 영역에 발을 담글 수 있었습니다. 여기서 구체적인 영역이란, 나의 활동으로 가치와 재화가 창출되거나 주민 삶이 개선된 것을 확인할 수 있는 영역을 말합니다. 그것은 모호한 관념으로 자족(自足)하는 세상이 아닙니다. 엄정한 숫자의 세계이며 지표로 확인할 수 있는 성취의 세상입니다. 아버지께서 하셨듯이, 박토를 개간하여 과수를 키워 열매를 따서 시장에서 번 돈을 세는 결실의 과정을 꿈꾸었습니다.

엑스포가 끝나고 상도 받았습니다. 원래 도지사님은 녹조근정훈장을 상신했는데, 당시 훈장 수여 요건인 '공무원 경력 10년'에 미달했습니다. 당시 내 근무 이력은 9년 6개월 정도였습니다. 도지사님은 다시 특별공적조서를 올려서 기어코 '포장(褒章)'이라도 받도록 신경 써 주었습니다.

2004년에 충북도청 국제통상과장(서기관)으로 승진했고, 외자유치와 충북 기업의 해외 진출 지원에 전념했습니다. 비행기를 타고 내리는 시간, 해외의 낯선 호텔 룸에서 메일을 주고받고,

기업 CEO를 만나 회의를 하는 시간 모두가 구체적인 가치로 창출되기를 소망했던 시절이었습니다. 시간이 많이 흘렀지만, 지금도 오송역에서 택시를 타고 오송국가생명과학단지를 지날 때면 쉬이 스쳐 가지 못하는 이유이기도 합니다.

바이오엑스포 기간에 행사장을 찾은 가족과 함께

은사(恩師) 이원종

　가족, 친구를 제외하고 내가 가장 존경하는 사람이 두 명 있습니다. 한 사람은 어렸을 때 내 생명을 살리신 김숙자 의사 선생님이고, 또 한 분은 이원종 도지사님입니다. 김숙자 선생님은 내게 은인(恩人)이고 이원종 지사님은 내게 은사(恩師)입니다.

　세상엔 위대한 생을 살아간 위인이 많습니다. 사람들은 그들의 사상과 생애를 통해 영감을 얻고 지혜와 용기를 얻지요. 그런데 나는 몸으로 겪어 체득한 것을 소중하게 생각합니다. 김숙자 선생님이 내가 사회인으로 살아갈 수 있는 몸을 만들어 주셨다면, 이원종 지사님은 내가 공인으로 어떻게 살아야 할지를 몸소 보여 주셨습니다.

　세상의 가르침 중 가장 좋은 것은 말이 아니라 몸으로 보여 주는 것입니다. 그래서 후배들이 그 행적을 따라 걷도록 만드는 것이라 믿습니다. 나는 이원종 지사님에게 일과 사람을 어떻게 대해야 하는지를 배웠습니다.

　이원종 지사는 흙수저 신화로도 유명했습니다. 집배원으로
시작해 행정고시에 합격했습니다. 충북의 마지막 관선지사였
지만, 1998년에 민선 충북지사로 당선되어 연임했습니다. 오
늘날 충북의 3대 전략산업인 바이오(BT)와 정보통신(IT), 나노
기술(NT) 산업의 토대를 다지고 융·복합 산업단지로의 미래를
설계한 장본인이기도 합니다.

2001년 이원종 지사님으로부터 바이오엑스포 유치부장 임명장을 받았다.

좋은 은사님이라는 건 내게 잘 대해 준 사람을 뜻하지 않습니다. 일에 있어서는 그 어느 때보다 혹독했던 상사였습니다. 당시 나는 국제통상계장으로 지사님과 충북의 기업인이 협약과 계약을 체결하기 전에 미리 현지에서 실무를 매듭짓는 일을 했습니다. 국제 통상의 척후병이랄까요. 중국, 독일, 호주, 미국, 남미 대륙을 누볐습니다. 한 달 남짓한 기간에 비행기만 128시간을 타고 다닌 적도 있었습니다. 이 시기 기억에 남는 일이 있습니다.

'쇼트(SCOHTT)'라는 회사는 130년 넘는 역사를 자랑하는 독일의 유리 관련 첨단소재 기업입니다. 스마트폰의 액정과 카메라 앵글, 자동차 윈도우와 반도체 웨이퍼 등을 생산합니다. 쇼트는 아시아 시장에서의 교두보를 확보하기 위해 한국에서의 입지를 물색하고 있었고, 2004년 당시 나는 충북의 기업 유치를 전담하는 매니저였습니다.

한국 공장 설립을 위한 투자금액은 약 5억 불 정도였습니다. 쇼트의 유치하기 위한 경합에는 충북이 가장 먼저 뛰어들었지만, 결국 3파전으로 전개되었습니다. 충북 오창, 그리고 경기도와 전북이 경합했습니다. 경기도는 공장 부지와 막대한 보조금 지원을 약속했습니다.

그런데 유리 공장은 제철사와 유사한 공정을 가지고 있습니다. 단 한 번의 지진이나 정전, 침수로 인해 공정이 중단되면 막대한 피해를 봅니다. 2022년 포스코는 침수로 공정이 중단되었는데, 약 2조 원의 손실을 보았고 복구하는 데에만 100일이 소요되었습니다. 경기도가 재정적 이점을 내세워 공략했다면 나는 안전과 위기 대응을 중심으로 설득했습니다.

쇼트는 천재지변으로 인해 가스나 전기 공급이 중단될 경우를 대비해 백업 라인을 구축해 줄 수 있는지 물었습니다. 충북 도시가스와 협의해 관련 설비에 대한 확답을 얻어 냈고, 한국전력을 통해 비상전력 공급설비를 구축하겠다는 약속을 받아 냈습니다. 그리고 인력의 안정적 공급을 위해 충북의 기관과 학교의 협조를 얻어 냈습니다. 글로벌 기업 하나를 유치하기 위해 충북도를 위시해서 수많은 기관들이 합심한 것입니다.

쇼트 경영진은 적극적이고 대담한 충청북도의 제안에 크게 만족했습니다. 이후 이원종 지사님을 모시고 독일로 날아가서 쇼트 본사에서 투자양해각서를 체결했습니다. 마침 각서에 사인한 날은 내 생일이었고, 다음 날이 지사님 생일이었습니다.

투자양해각서를 체결하고 한껏 들뜨신 지사님은 내 생일을 축하하면서 당신 지갑에 있던 지폐를 모두 꺼내 내게 안겼습니다. 쇼트는 이듬해인 2005년 11월 오창의 9만 평 부지를 확보하고 공장 기공식을 열었습니다.[1] 공장은 2007년에 완공되었습니다.

오창 공장 책임자인 라이너 마욱 사장은 훗날 인터뷰를 통해 투자처 선정 이유를 다음과 같이 밝혔습니다.

"한국 공장 설립 당시 경기도 등 여러 지역을 둘러봤는데 충북도가 발 빠르게 지원에 나섰습니다. 충청북도는 주변 환경, 고용에 대한 모든 면에서 우리가 필요로 하는 것을 적극 제공했습니다."[2]

그해 연말, 이 사업은 대한무역투자진흥공사(KOTRA)로부터

---

1   쇼트사는 일본의 구라모토사와의 합작해 '쇼트 구라모토 프로세싱 코리아(SKPK)'라는 법인명으로 TFT-LCD 유리기판 연마가공 공장을 설립했다.
2   「쇼트구라모토 라이너 마욱 사장- "오창은 정밀작업 공정에 최적 아시아 시장 수출 공략 나설 것"」 충북일보. 2007년 2월 23일 발행.

대통령들의 남자

모범 사례로 선정되어 480만 원의 포상금을 받았습니다. 나는 이 돈으로 그간 고생했던 팀원들과 각 기관의 담당자에게 산삼 배양근을 선물했습니다. 그리고 남은 돈이 30만 원이었는데, 기분이 그렇게 좋을 수가 없었습니다.

공직 생활을 하면서 일을 독하게, 잘 해내는 상사들은 많이 만나 보았습니다. 그런데 이원종 지사님은 쉴 새 없이 몰아치는 업무 와중에도 사람의 마음을 챙기는 인자함이 몸에 배어 있었습니다. 이런 풍모는 뿌리가 튼튼한 고목을 떠올리게 합니다. 중요하게 생각하는 가치와 삶의 목적이 일치하는 사람만이 거센 바람에도 요란스레 흔들리지 않습니다.

지사님은 "꿈 너머 꿈"이라는 말을 좋아하셨습니다. 이루고자 하는 목표가 인생의 가치가 되어선 안 된다는 말입니다. 가령 도지사를 꿈으로 설정했다면, 도지사가 되고 난 이후의 삶에 대해 생각하라는 것입니다. 목표는 자신이 생각하는 소중한 가치를 지키기 위한 수단이 되어야 한다는 겁니다.

그래서였을까요. 2006년 지방선거를 앞두고 당시 지사님은 압도적인 지지율을 확보하고 있었음에도 3선을 포기하고 낙향해서 도민에게 신선한 충격을 안겨 주었습니다. 훗날 당신은 그때 일을 이렇게 회고했습니다. "3선 도전을 앞두고 갈등하던 어느 새벽, 머리에 있던 것을 다 소진했으므로 이젠 짐을 좀 내려놓았으면 싶다는 소망에 하나님이 응답하셨을 뿐."이라고.

2004년 이원종 지사님 시절 지자체 통상관계관 회의

대통령들의 남자

명지바람 그늘나무 아래서

　2005년 한국개발연구원(KDI) 국제정책대학원에 입교했습니다. 국제정책대학원의 교육 프로그램은 1년은 국내에서, 2년차는 해외에서 유학하는 것이었습니다. 1995년에 충청북도로 왔으니 10년이 지난 시점입니다. 서기관이라고 모두 교육 혜택을 얻지는 못합니다. 이원종 지사님의 특별한 애정이 있었기에 가능했습니다. 도지사님께 송별 인사를 드리면서 말했습니다.
　"더 배우고 돌아와서 지사님 모시고 더 열심히 일하겠습니다!"
　지사님은 이런 덕담을 주셨습니다.

　"뭘 더 배우나. 자네는 이미 지식도 많고 벼슬 또한 높네. 이번 교육에선 사람을 더 많이 사귀며 배우고 세상에 대한 지혜를 쌓아서 돌아오게!"

돌아보건대 지사님은 나를 한 사람의 직원이 아닌, 인간적으로 아끼는 후배로 생각했던 것 같습니다. 한창 일할 나이의 소속 서기관을 2년제 교육 과정에 보내는 것은 쉽지 않은 결정이기 때문입니다.

KDI 입교가 결정되던 순간, 가장 먼저 아내의 얼굴이 떠올랐습니다. 아내가 좋아할 것이기 때문입니다. 10년 동안 쉬지 않고 뛰었습니다. 해외 출장이 잦아 집을 오래 비웠고, 한국에 돌아와서도 야근하는 것을 당연시했습니다. 그 사이 아내는 홀로 아이 둘을 키웠습니다. 당시 월급도 많지 않아서 아이 둘을 키우는 것이 쉽지 않았습니다.

아내는 건들면 금방이라도 바스러질 것 같이 말라 갔습니다. 그럼에도 아내는 내게 가사와 육아에 대해 특별한 요구를 하지 않았습니다. 그건 아마도 나 역시 너무 시들어 보였기 때문일 것입니다. 다만 술에 절어 갈지자로 돌아오면 핀잔을 주었습니다. 아무리 좋은 숯의 잉걸도 결국은 사위기 마련입니다. 내게도 휴식이 필요했습니다. 폭죽처럼 자신을 태우다 재로 추락하지 않기 위해선 머릿속에 가득한 상념을 털어 낼 계기가 필요했습니다.

대통령들의 남자

대학원 생활로 나는 비로소 온전한 생활을 꾸릴 수 있었습니다. 생활은 규칙적이었습니다. 새벽에 조깅을 했고, 샤워를 마치고 밥을 오래 씹어 삼켰습니다. 석양을 뒤로하고 숙소로 돌아갔습니다. 주말 저녁엔 불을 피워 요리를 했고 음악을 틀고 책을 보았습니다.

학과가 비는 시간엔 아이들을 돌보았고, 여느 부부들처럼 대형마트의 커다란 카트에 아이들을 태우고 장 보는 재미도 즐겼습니다. 목욕탕에서 아이들 등을 밀어 준 날엔 오래전 끊었던 빙그레 바나나 우유를 하나씩 입에 물고 귀가했습니다. 대학원답게 방학도 있었습니다. 갯바위에 낚시를 걸쳐 시간을 낚는 호사를 누렸고, 덕분에 아이들의 키가 매월 손톱만큼 크는 것을 확인할 수 있었습니다.

지금은 한국개발연구원이 세종특별자치시에 있지만, 당시에는 경희대학교 홍릉숲 부근에 있었습니다. 이곳에서 1년 공부하고 미국 콜로라도주립대학교로 유학을 떠났습니다. 아내와 아이들도 함께 갔습니다.

콜로라도는 대륙의 중심 부근에 있고, 학교는 덴버에서 차량으로 이동하면 1시간 정도 걸리는 곳에 있었습니다. 2천 명이 넘는 교수진에 학생 수도 3만 명이 넘는, 콜로라도에선 가장 큰

대학교입니다. 날씨는 쾌청했고 덥지만 건조한 날씨라 그늘에서 바람을 맞으면 무척 시원했습니다. 겨울 역시 춥지 않았고 물가 역시 미국에서 괜찮은 편이었습니다.

학교에서 차로 25분 정도 떨어진 곳엔 오로라(Aurora) 저수지가 있었습니다. 128㎢의 엄청난 크기의 인공호수로서 스킨스쿠버 명소로 알려져 있습니다. 어른 팔뚝보다 큰 송어와 메기가 많았는데, 라이센스를 얻으면 한 번에 20㎝ 이상의 송어 2마리를 잡을 수 있었습니다. 이 시절 나는 한국 유학생들에게 송어 매운탕을 자주 끓여 주었습니다. 학생들은 나를 '덴버의 단백질 공급원'이라 부르며 추앙(?)했습니다. 물론 매운탕 냄새가 비리다는 미국 학생들의 평가도 많았습니다.

또 인근의 유타파크라는 공원에 자주 산책을 나갔는데, 처음에 잘 모르고 샌드위치를 들고 다니다 거위와 갈매기로부터 탈취당할 정도로 새들이 많았습니다.

콜로라도주립대학교에서 맞은 여름방학은 특별했습니다. 두 달간 우린 미국과 캐나다를 오가는 차량 투어를 떠났습니다. 동부에서 20일, 서부에서 20일을 달렸습니다. 이때 나의 인맥이 위력을 발휘했습니다. 그동안 국제 업무를 하면서 사귀었던 미국 주정부, 시청의 현지 공무원과 교류 지역의 명예대사, 대

2006년 KDI 미국 연수 시절 여름방학을 맞아 캐나다 퀘벡에서 가족과 함께

학원 동기들이 우리를 초대했습니다. 우린 만찬을 즐겼고 여행 일정 중 절반을 지인들의 숙소에서 편히 즐길 수 있었습니다.

아내는 나의 넓은 인맥과 벗들의 헌신적인 도움에 감동했습니다. 결혼 생활 13년 만에 처음으로 나는 어깨를 펴고 목에 힘을 주었습니다. 지난 시절 빈번했던 늦은 귀가와 잦은 음주, 친구 찾아 삼만 리 했던 그 이유를 단번에 납득시킬 수 있었기 때문입니다.

이 시절은 행복해서 짧았던 봄날이었습니다. 그 봄날에 나는 묵은 잠을 잤습니다. 나무 그늘 아래에서 명지바람을 만끽하며 알람을 맞춰 놓지 않고 자도 아무 일도 일어나지 않던, 나른한 봄날 오후 같은 시절이었습니다.

불주반생기(不酒半生記)

시인 조지훈 선생은 엄청난 주당이었다고 합니다. 아시겠지만, 조지훈 선생은 "얇은 사 하이얀 고깔은 고이 접어서 나빌레라."로 시작하는 「승무」의 저자입니다. 술에 대한 사랑이 얼마나 지극했는지, 선생은 「주도유단(酒道留段)」이라는 글을 써서 술의 18계를 논했습니다.

완전 초급은 불주(不酒)라고 합니다. 술을 아주 못 먹진 않으나 술을 삼가는 사람이고, 2급은 외주(畏酒)로 술을 마시긴 하지만 술을 겁내는 사람이라고 합니다. 고수인 7단은 관주(觀酒)로 술을 보고 즐거워하되 이미 마실 수는 없는 사람이고, 최고 실력자인 8단은 폐주(廢酒) 또는 열반주(涅槃酒)로 술로 말미암아 다른 술 세상으로 이미 떠난 사람이랍니다.

나는 오랫동안 불주(不酒)의 단계에서 서성였으나, 지금은 외주(畏酒) 단계로 진화 중입니다. 술을 마실 줄은 알지만 취하는 것을 두려워합니다. 술을 못하는 건 내가 어려서 신부전증을 앓았기 때문이라기보다는 집안의 내력인 듯합니다. 아버지는 물론 형님과 동생도 술을 거의 못합니다.

술을 처음 입에 댄 날은 서울대 외교학과 신입생 환영회 날이었습니다. 당연히도(!) 당시 신입생들은 소주와 막걸리를 섞은 거대한 사발을 쉴 새 없이 들이켜야 했습니다. 거부권이라는 건 애초에 존재하지도 않았고, 상상할 수도 없었습니다. 선배들이 따르는 족족 벌컥벌컥 참아 가며 마셔야 했습니다.

아마 주발이 서너 번 돌던 무렵이었을 겁니다. 전기가 불꽃을 튀기며 끊기듯 머릿속이 번쩍하더니 완전한 암전으로 빠져들었습니다. 쿵하는 소리가 희미하게 멀어져 갔습니다. 얼마간 지났을까… 볼이 차가워서 눈을 떠 보니 세상이 모로 서 있었습니다. 동기들은 물론 선배들도 너무 놀라 눈을 치뜨고 내가 숨을 쉬는지 보고 있었습니다. 친구들의 전언에 의하면 마네킹이 쓰러지듯 그대로 바닥으로 쓰러졌다고 합니다.

선배들은 이러다 애 잡겠다며 서둘러 택시를 잡아 학교 기숙사로 보냈습니다. 기숙사에서 어떻게 내렸는지 기억도 나지 않습니다. 쉼 없이 토를 했고 음식물을 다 게워 낸 다음엔 위액에 섞인 노란 쓸개즙까지 게워 내야만 했습니다. 그렇게 알게 되었습니다. 나는 술을 못한다, 아니 술을 먹다가 죽을 수도 있다는 것을 말입니다.

이후 술을 삼갔지만, 술자리를 피한 적은 없습니다. 분위기에 따라 소주 한두 잔 정도는 마시는 수준으로 진화했고, 나중 행정고시에 합격하고 발령받았을 때에는 상사들 눈치 보며 마시는 수준으로까지 발전했습니다.

KDI 국제정책대학원을 다닐 때의 일입니다. 당시 국제정책대학원에는 동남아, 동유럽, 중동 등지의 외국 정부에서 파견한 공직자도 많았습니다. 나 역시 주중에는 기숙사 생활을 하며 후세인이라는 이집트 친구와 같은 방을 사용했습니다. 나보다 나이가 많았는데 서로 챙겨 주며 무척 친하게 지냈습니다. 후세인은 늘 자신이 형이라며 "헤이, 브라더!"라고 불렀습니다. 내가 더 경제적으로 여유가 있었기에 맛난 한식을 많이 사 주었습니다.

방학 기간엔 외국인 학생을 대상으로 한 한국 홈스테이 일정이 잡히는데, 나는 이때 충북도 국제통상과장님에게 연락해서 1박

2일 코스로 충북의 주요 기업을 견학하고 청남대 등의 관광지를 둘러보는 초청 프로그램을 준비했습니다. 이들 대부분이 모국으로 돌아가면 장차관이 될 인재였기에 충청북도에서도 적극적이었습니다. 가는 곳곳에서 환대를 받은 외국인 친구들은 내게 무척 고마워했고 이후 이들과의 관계는 더욱 돈독해졌습니다.

어느 정도 술 실력이 올라왔다고 느꼈던 어느 날, 나는 외국인 학생들과 조촐한 술자리를 가졌습니다. 그날 사달이 났습니다. 먹은 것을 게워 내는 데 그치지 않고 심각한 위경련까지 찾아온 것입니다. 동료들이 119에 연락해 경희의료원 응급실로 실려 갔습니다.

위 진정제를 맞고 잠들어 아침에 눈을 떴는데, 글쎄 내 옆 간 이침대에서 후세인이 잠자고 있는 것이 아니겠습니까. 심지어 그는 응급실 이송비용과 병원비까지 지불했습니다. 내가 왜 기숙사로 안 돌아갔냐고 물으니, 동생이 아픈 데 형이 어떻게 먼저 집에 가느냐고 반문했습니다. 돈 역시 자신이 형이니까 내는 것이 당연하다고 말입니다.

후세인은 무슬림이었는데, 이집트에도 우리나라와 같은 문화가 있는 듯합니다. 당시 사귀던 친구들은 고국으로 돌아가 지

KDI 국제대학원 여름방학 때 동료들과 충북 대청호에서. 우측에서 두 번째 친구가 후세인이다.

금은 국회의원 또는 장차관으로 활약하고 있습니다.

　참, 외주(畏酒)의 다음 단계는 민주(憫酒)라고 합니다. 마실 줄도 알고 겁내지도 않지만, 취하는 것을 민망하게 여기는 사람이랍니다. 물론 나는 외주에서 민주의 단계로 승격(?)할 수도 있었지만, 이제는 불주(不酒)의 생을 즐기고 있습니다. 구차한 자랑이지만, 술은 많이 못 먹어도 술을 많이 마신 것처럼 술자리의 분위기를 잘 만들긴 합니다. 그 방면으로는 아마 타고난 듯합니다.

억세게 운 좋은

식은땀이 날 정도로 아찔한 실수를 할 때가 있습니다. 어떤 실수는 세월이 흘러도 꿈에 나타나고, 또 수치스러운 기억은 침대에서 이불을 걷어차며 벌떡 일어나게 만듭니다. 공직 생활을 하면서 저 역시 아찔한 경험을 많이 했습니다.

실수에는 일종의 머피의 법칙 같은 것이 적용됩니다. 직책이 높은 임원보다는 실무를 담당해야 하는 직원이 더 많이 실수합니다. 중대한 현안 보고 자료에 치명적인 오타를 낸다거나, 프레젠테이션 자료를 담은 메모리디스크를 분실합니다. 그런 점에서 보면 나는 큰 실수를 해도 억세게 운이 따라 준 편입니다. 실수가 전화위복이 되기도 했으니까요. 억세게 운 좋았던 두 이야기를 들려 드리겠습니다.

충청북도 국제통상과 계장으로 일할 때였습니다. 1999년도엔 남미 대륙을 경유해서 미국을 오가는 '충청북도 남미 순방단'

을 준비했습니다. 나는 시장 개척과 투자 유치를 위한 실무자로 이원종 지사님과 충북 기업인들이 해외에서 바로 결실을 맺을 수 있도록 사전 준비를 하는 역할을 맡았습니다.

각 기업의 제품을 가지고 가서 해외 바이어와 교류 단체의 담당자와 사전 미팅을 합니다. 보통은 두 명이 한 팀으로 움직이는데, 워낙 들러야 할 국가가 많다 보니 경비 문제로 '나 홀로 시장개척단'이 되어 떠났습니다. 브라질, 아르헨티나, 멕시코, 칠레 등의 남미 국가를 방문하고 다시 미국으로 가서 복귀하는 일정이었습니다. 원래 보름 일정이었지만, 경비와 일정 등의 문제로 열흘 안에 완수해야 했습니다. 이 시기 잠은 비행기에만 잤던 기억이 납니다.

이후 지사님을 포함한 직원 13명, 충북 지역 기업인 11명을 대동하고 다시 미국을 거쳐 남미를 돌았습니다. 비행기 표를 끊는 것에서부터 숙박, 만찬, 설명회, MOU 준비, 보도 자료 등의 실무가 쏟아졌습니다. 이 한 달 동안 나는 128시간을 비행했습니다.

결국 아르헨티나 부에노스아이레스에서 사달이 났습니다. 멕시코시티 투자설명회를 이틀 앞두고 항공사가 임의로 기업인

11명의 탑승권을 대기 상태로 처리한 것입니다. 이렇게 되면 공들인 상품상담회가 무산됩니다. 항공사로 달려가 새벽 6시부터 밤 12시까지 항의하며 실랑이했지만 도리가 없었습니다. 아직도 남미의 일부 지역에선 이런 일이 비일비재합니다.

결국 만찬을 마치고 곤히 잠든 순방단을 모두 깨워 대절한 버스에 싣고 칠레 샌디에이고에서 출발하는 항공권을 끊어야 했습니다. 번갯불에 콩 볶는다는 말을 실감했습니다. 12명이 한꺼번에 대탈주극(?)을 벌여야 했으니, 12개의 가방, 12개의 티켓과 여권, 기념품과 인사말 자료까지. 그런 아수라장이 없었습니다.

칠레 샌디에이고공항에 도착해서 가방을 열어 보니 이게 웬일, 부에노스아이레스의 호텔에 공무원 13명의 항공권과 공금을 객실 금고에 두고 온 게 아니겠습니까? 눈앞의 사물이 흑백으로 바뀌며 공항 바닥이 빙빙 도는 것처럼 느껴졌습니다. 지사님과 국제통상과장님은 호텔에서 늦게 출발하는 일정이었는데, 시계를 보니 아슬아슬합니다.

순간 떠오른 생각은 영어를 알아들을 만한 여대생을 찾아야 한다는 것이었습니다. 한 여대생을 찾아 자초지종을 설명하자, 그 학생이 국제전화카드로 부에노스아이레스 호텔에 전화했습니다. 하늘이 도왔을까요. 호텔 직원은 이제 막 호텔 로비에서 나서는 한국인 두 명이 있다고 했습니다. 가까스로 국제통상과 장님과 통화를 해서 항공권과 공금을 챙겨 올 수 있었습니다.

공항에서 나를 본 이원종 지사님은 껄껄 웃으시며 농을 던졌습니다.

"자네는 내가 뭐가 그렇게 보고 싶어서 칠레까지 다녀왔나?"

미국 뉴욕의 투자설명회를 끝으로 14일간의 순방이 끝났습니다. 워낙에 고된 일정이고, 내가 진땀 흘리며 뛰는 것을 본 지사님은 그간의 노고를 치하하면서 "앞으로 농땡이 부리는 직원

1999년 이원종 지사님 시절 남미 순방 중 호주 메번에서. 웃고 있지만 웃는 것이 아니었던 기간

들은 모두 남미 출장 보내야겠어!"라며 특유의 호쾌한 웃음으로 순방단 직원들을 격려했습니다.

하늘이 노래지는 또 하나의 경험이 있습니다. 2007년 행정자치부(지금의 행안부)의 국제협력팀장으로 일할 때였습니다. 그해 3월에 노무현 대통령은 가나 독립 50주년을 기념해 박명재 행자부 장관을 특사로 파견했습니다. 가나에만 가는 것이 아니었습니다. 2012년 여수엑스포 유치를 위해 영국, 네덜란드를 경유해 가나에서 기념식을 마치고 귀국하는 일정이었습니다.

장관 내외분을 보좌할 요원으로 해외 출장 경험이 많은 사람이 필요했는데, 내가 차출되었습니다. 영사관에 연락해서 외교 의전을 확인하고 이동에 필요한 실무 준비를 해야 했습니다. 그런데 장관님의 요청 사항이 조금 독특했습니다. 장관님 모친께서 해외 순방에 동행하지 못하니 좋은 사진이라도 많이 찍어서 드려야겠다는 것이었습니다. 디지털 카메라와 메모리카드도 여유분으로 2개 더 챙겼습니다.

영국 런던에서 시작해서 가나에서의 기념식을 앞두고 꽤 많은 분량의 사진을 찍었습니다. 나는 기념식을 앞두고 사진을 백업하기 위해 메모리카드를 컴퓨터에 꽂았습니다. 그런데 이게 웬걸. 그간 찍은 사진이 모두 사라지고 단 두 장의 사진만 남아 있는 것이 아니겠습니까? 하늘이 노래지고 등에선 식은땀이 솟았습니다. 한국이라면 메모리카드를 들고 복원할 수 있는 업체를 찾아보겠지만, 그럴 여유가 없었습니다.

나는 영국, 독일, 네덜란드의 한국대사관에 연락해 SOS를 쳤습니다. 그간 찍었던 사진을 모두 한국의 행자부로 보내 달라고 말입니다. 마음이 무거웠습니다. 공식행사 사진을 몇 장 건질 수 있겠지만, 그간 작정하고 찍었던 사진들에 비할 바 아닐 것이기 때문입니다. 가나 독립기념일 행사를 하면서도 머릿속엔 오직 사진 걱정만 가득했습니다.

나는 귀국하자마자 용산의 디지털 복원 전문가를 찾았습니다. 지금은 삭제된 정보를 복원하는 '디지털 포렌식'이 어렵지 않은 기술이지만, 당시엔 그저 막막했습니다. 다행히 한 업체가 복원할 수 있겠다고 했습니다. 일부 사진을 제외하고 대부분 사진을 복원하는 데 성공했습니다.

나는 사진을 선별해 광고기획사를 운영하고 있는 친구에게 동영상 제작을 부탁했습니다. 사진과 사진을 편집한 동영상을

CD에 담아 장관님께 보여 드렸더니, 장관님이 그렇게 좋아하실 수가 없었습니다.

"서 팀장 말이야. 그 친구, 아주 일을 꼼꼼하게 잘하는 친구야."

장관님이 특정 직원을 지목해 칭찬하는 것은 이례적이었습니다. 장관님은 이후 나를 지방세제팀장으로 임명하는 파격적인 인사를 단행했습니다.

실수는 누구나 합니다. 나의 경우 치명적 실수를 할 때마다

2007년 행자부 국제협력팀장 시절 가나 독립 50주년 대통령 특사였던 박명재 행정자치부 장관 내외분과 영국에서

대통령들의 남자

가나 독립 50주년 특사 수행 시 2012 부산엑스포 유치를 위한 영국 방문

행운의 여신이 뒤에 서 있었습니다. 그런데 생각해 보면 행운
도 실수 이후 노력하는 자에게만 차려지는 듯합니다. 이것을
우리는 위기 대처 능력이라고 말합니다. "중요한 것은 실수가
아니라 실수 그다음"이라는 말에는 삶에 대한 통찰이 있습니
다. 그래서 조직의 상사들은 직원의 위기 대처 능력을 중요한
자질로 판단합니다.

　나 역시 이런 과정을 거치며 성장했기에, 부하 직원의 실수
자체에 주목하는 것이 아니라 그 실수가 어떤 과정에서 발생했
고, 이후에 어떻게 노력했는지를 더 중요하게 봅니다. '운도 실
력'이라는 말이 괜히 생긴 것은 아닌 듯합니다.

강국(强國)의 조건

 2006년 국제정책대학원 교육을 수료하고 한국으로 돌아왔을 때 행정자치부로 발탁되었습니다. 중앙과 지방의 인사 교류 차원이라고 들었는데, 전입 과정이 일반적이진 않았습니다. 원래 지자체에서 근무하다 행정자치부로 가기 위해선 지방행정연수원이나 국제교류재단 등의 행자부 직속 기구에서 근무를 하고 본부로 가는 것이 상례였습니다.

 그런데 나는 당시 신설된 행자부 국제협력팀의 팀장으로 바로 발령이 났습니다. 동료들은 고건 총리 이후 처음으로 지자체에서 바로 본부로 발탁된 케이스라며 부러워했습니다. 지금은 행자부에서 국제 통상 분야를 매우 중요하게 다루지만, 그땐 국제 교류 통상 전문가가 조직 내에 별로 없었습니다. 충북 도청에서 7년 동안 국제 통상을 전담했던 이력이 이례적 발탁의 근거였습니다.

2000년대는 인류 역사상 가장 높은 수준의 글로벌 공급망이 체결된 시점입니다. 전자상거래의 확산으로 인해 교역과 환율이 실시간으로 확정되었고, WTO와 IMF는 세계의 남은 무역 장벽마저 빠르게 제거하던 시기였습니다. 유럽연합은 단일경제권을 구축했고, 미국·캐나다·멕시코 역시 자유무역협정으로 시장경쟁력을 확보했습니다.

우리나라 역시 더는 거대한 세계사의 조류에 비켜서 있을 수 없었습니다. 특정 물품에 대한 수입을 거부하거나 관세 부과로 부당 경쟁하면 국제 통상에서 배제시키겠다는 것이 당시 국제 통상의 기류였습니다. 피할 수 없다면 주도해야 할 운명이라고나 할까요.

내게 맡겨진 가장 중요한 과제는 한·미 FTA 협상 타결에 대비해 국내의 관련 법령을 정비하는 것이었습니다. 한·미 FTA는 2007년 타결되어 2011년 국회 비준을 거쳐 2012년 발효되었습니다. 2003년 노무현 정부는 수세적 통상에서 벗어나 주도적인 선진 통상국가로 가야 한다는 전략을 수립했는데, 한·미 FTA는 한·칠레 FTA, 한·중 FTA, 한·EU FTA 체결에 앞서 가장 먼저 체결한 협정이었습니다. 한·미 FTA는 한국의 국가 발전 전략의 첫 시험대였던 셈입니다.

당시 한·미 FTA 협상을 두고 국민적 반발이 엄청 났습니다. 농업 부문 개방과 스크린 쿼터제 폐지, 지적재산권 문제와 함께 투자자 국가 제소권(IDS)이 핵심적인 쟁점이었습니다. 거리의 분위기가 얼마나 격앙되었냐면, 농민과 영화인은 물론 노무현 대통령의 전통적인 지지층까지 지지를 철회하고 거리로 나설 정도였습니다. 그리고 협상 체결 이듬해인 2008년 광우병 반대 시위로 인해 미국산 수입 쇠고기에 대한 재협상이 이어지면서 국회 비준과 발효가 늦어졌습니다.

논란이 많았지만, 결과적으로 한·미 FTA는 가장 성공적인 통상협정으로 평가받고 있습니다. 협정 발효 후 10년 동안 (2012년~22년) 양국 간의 무역 규모는 66% 성장해 2022년 기준 1,691억 달러를 돌파했습니다. 같은 기간 세계 교역량 증가율은 18% 증가하는 데 그친 것에 비교하면 괄목할 만한 성장입니다.

2022년 기준 대미 수출은 959억 달러로 10년 전에 비해 61% 증가했고, 무역수지는 227억 달러 흑자로 협정 발효 10년 내내 흑자를 이어 갔습니다. 우려했던 농축산물 분야 역시 수입은 34% 늘어난 데 비해 수출은 95% 증가했습니다. 문화 콘텐츠 산업은 이제 한국의 소프트 파워를 상징하는 대표적인 수출 상품이 되었습니다.

물론 미국도 손해만 보지 않았습니다. 미국은 한국 기업의 최대 투자처가 되었고 이는 미국 내 일자리 창출로 이어졌습니다. 2017년 5월에 트럼프 대통령이 한국산 철강에 막대한 관세를 부과한 적이 있었습니다. 이어서 상품수지 적자를 이유로 들며 한·미 FTA를 폐기하든지 재협상하라는 행정명령을 발동했습니다. 이 일로 한·미 간 재협상을 하며 얼굴 붉히는 지경까지 갔었지요. 한·미 FTA로 한국이 더 큰 이익을 얻었다는 불만이 미국 공화당과 백인 제조업 노동자 사이에서 터져 나오는 이유가 있습니다.

지난 500년간 대륙을 호령했던 강대국들의 특징과 조건을 다룬 연구가 많습니다. 강국의 공통점은 개방과 교역을 국가 전략으로 설정해 주도적으로 해양을 지배했고, 이질적인 문화와 기술을 유연하게 받아들여 산업 발달의 촉매제로 활용했다는 것입니다. 한국은 자원이 없고 인구가 적어 내수로 나라 경제를 유지하기 어려운 나라입니다.

오직 인적 자원의 우수성, 즉 고도화된 기술 경쟁력을 무기로 수출로 살아가야 할 숙명을 타고났습니다. 한국은 작은 나라임에도 불구하고 교역 규모와 수출액에선 세계 8위의 통상강국입니다. 한·미 FTA는 한국 무역 성장의 견인차 역할을 했습니다. 통상 경쟁력이 국력과 국격을 높인다는 사실을 이제 부인할 사람은 없을 것입니다.

타국과의 통상 협상에는 늘 '공정'과 '이익의 균형'이라는 원칙이 존재합니다. 장사는 주고받는 것입니다. 이익이 한 나라에 일방적으로 쏠리면 협상은 언제든 깨질 수 있습니다. 조약과 타결된 협상안은 국내법에 우선하기에, 협상안과 국내법의 모순을 사전에 해결하는 것 역시 협상 발효의 전제입니다.

한·미 FTA 타결을 앞두고 내국민 우대 조항이나 시장 접근을 제한하는 각종 법령과 조례를 정비하는 것은 당시로서는 매우 시급한 일이었습니다. 미국의 경우 이미 북미자유무역협정(NAFTA)의 경험이 있어 주법과 조례 등이 정비되어 있었지만, 우리는 첫 자유무역협정이어서 해야 할 일이 많았습니다.

당시 한·미 FTA는 지방행정을 총괄하는 지방행정과에서 전담했는데, 이를 국제통상팀으로 이관하고 공무원 국외 심사와 재외주재관 관리 업무 역시 도맡아 처리하게 되었습니다. 신설된 팀이었지만, 업무의 중대성으로 인해 국제통상팀은 위로부터 많은 주목을 받았습니다. 이후 국제통상팀은 더욱 강화되어 지금의 국 단위 국제행정협력관을 조직하는 발판이 되었습니다.

이 시기 나에겐 나라의 운명을 바꿀 수도 있는 중대한 전략 사업을 뒷받침하고 있다는 자부심이 있었습니다. 공무원에겐 일복이 긍정적입니다. 일복에는 그저 일을 많이 하는 일복이 있고, 국가의 미래에 큰 영향을 미치는 일을 해내는 일복이 있습니다. 그런 점에서 보자면 한·미 FTA 통상 업무는 내게 기분 좋은 일복이었습니다.

한 국가가 크게 성장하기 위해선 전략적 안목을 갖춘 이들이 적소에서 준비하고 또 준비해야 한다고 합니다. 우월한 산업 경쟁력을 높이는 방안이든, 통상에 대비하며 취약한 영역을 끌어올리는 일이든 모두 전략적 판단에 따른 투자와 장기적인 준비가 필요합니다. 한·미 FTA 통상 업무로 인해 나는 세계의 통상 환경과 국가의 미래를 가늠하는 안목을 키울 수 있었습니다. 이는 시간과 돈으로 살 수 없는 소중한 경험이었습니다.

그렇게 심장이 뛸 때

한 · 미 FTA 협상 타결에 발맞춰 처리했던 업무들은 행정안전부 내에서 좋은 평가를 받았습니다. 국제협력팀장으로 일한 지 6개월 만에 나는 '지방세제팀장'으로 발탁되었습니다. 세제(稅制) 분야에 대한 경험이 전혀 없는 내가 발탁된 것은 사실 의외였습니다. 특히 지방세 영역이라면 나보다 전문적인 지식과 경험이 많은 선배들이 즐비했습니다.

늘 그렇지만 당사자는 인사의 이유를 나중에 전해 듣는 경우가 많습니다. 상부에서는 혁신이 필요하다고 보고 있었습니다. 기간의 관례와 통념에 익숙해진 인력으로는 중장기적인 지방세 개혁을 밀어붙일 수 없다고 판단한 것입니다. 나에겐 새로운 시각과 거시적 전망으로 지방세제 개혁안을 마련하라는 지시가 떨어졌습니다.

모든 혁신에는 저항이 따르기 마련입니다. 혁신은 강한 의지력으로 실현되지 않습니다. 역대 정부의 사례를 보면 준비되지 않은 혁신과 설익은 시도는 처참하게 실패했습니다. 무엇보다 현실을 알아야 하고 혁신에 따른 변화를 통찰할 수 있어야 합니다. 그런 점에서 보자면 해당 업무는 당시 나에게 상당히 버거운 임무였습니다. 나는 지방세법의 조문을 처음부터 끝까지 수없이 읽고 확인하며 모르는 내용은 경험 많은 팀원들에게 배워가며 이해하려 했습니다.

첫 작업은 그간 문제로 지적되어 왔던 지방세정의 중점 개혁 과제를 설정하고 실행을 위한 로드맵을 짜는 것이었습니다. 국세·지방세 세원 조정을 통한 지방소득세, 지방소비세의 도입, 새로운 세원(稅源)의 개발, 비과세·감면 세목 축소 방안, FTA 체계와 관련한 농축산 세목 정비, 단일법인 지방세의 분법, 지방세연구원 설립, 지방세 통합 시스템 구축 등이 중심 과제였습니다. '지방세 중장기 발전 방안'을 마련하기 위해 팀원들과 나는 끝없는 토론을 했고 전문가들과 협의를 하고 시뮬레이션을 프로그래밍해서 예측했습니다.

이렇게 마련된 '개선 방안'은 예상했던 대로 재정경제부(현재의 기획재정부)의 반발에 부딪혔습니다. 개선 방안에는 현행 국세

80%, 지방세 20%인 구조에서 국세 일부가 지방으로 이전되는 내용이 포함되어 있었습니다. 국고와 예산을 다루는 재경부의 반발은 오래전부터 있어 왔습니다. 그래서 개선 방안조차 꺼내지 못한 세월이 길었습니다. 결국 재경부의 반발은 이 '방안'이 빛도 보지 못하고 묻힐 수도 있다는 것을 예고했습니다. 지금도 그렇지만, 당시에도 재경부의 입김은 막강했습니다. 청와대에도 재경부 출신 비서관들이 포진해 있었습니다.

　기류를 읽은 팀원들이 동요했고 모두 내 입만 쳐다보았습니다. 강한 눈보라가 시야를 가려 길이 보이지 않을 때 필요한 것은 지도와 나침반입니다. 내게 지도는 나와 팀원들이 밤을 새며 만들어 냈던 '지방세 중장기 발전 방안 실현을 위한 로드맵'이었습니다.

　그리고 내 마음속 나침반은 내가 '지방세정책팀장'으로 발탁되었을 때 들었던 당부의 말씀이었습니다. 즉, "새로운 관점에서 혁신을 주도하라."는 임무가 바로 그것입니다. 지도가 틀림이 없다는 확신이 있었기에 남은 일은 나침반을 따라 갈 길을 가는 것이었습니다.

　개선 방안을 만든 책임자가 좌고우면(左顧右眄)하면 혁신이 좌

초될 수 있겠다 싶었습니다. 우선 내부 임원들에게 브리핑을 했습니다. 방안이 이행되지 않았을 때 발생할 수 있는 부작용을 설명한 후 또 바로 집행하지 않으면 안 되는 이유를 설명하며 설득했습니다. 결정적으로 우리가 준비한 안은 '방안'이었지, '실행 계획'이 아니라는 점에서 발표 쪽에 무게가 실렸습니다.

개선 방안은 행정안전부를 통해 공식 발표되었습니다. 하지만 청와대 담당 행정관은 재경부와 협의 없이 발표했다며 나를 불러 경위서를 요구했습니다. 물론 당시 발표했던 지방세 개혁 방안이 즉각 적용되지는 못했습니다. 하지만 이후 국회의 검토와 지방자치단체와의 협의를 거쳐 대부분 법령화되었습니다.

공직자가 일하는 현장의 속살을 보지 못한 사람들은 공무(公務)의 특성을 '상명하복' 정도로만 이해합니다. 과거 권위주의 정권 시절의 문화가 팽배할 것으로만 보는 것입니다. 하지만 중요한 결정을 하는 공직 사회 내부에선 늘 긴장감이 감돕니다. 낡음과 새것이 치열하게 대결하고, 유예하자는 주장과 지금이라도 해야 한다는 주장이 교차합니다.

때로는 상부의 심기를 정확히 읽는 쪽이 승리하지만, 늘 그런 것만은 아닙니다. 국민이 요구하는 보편적 상식을 실현하기 위해 합리적 대안을 제시하면서 통념과 싸우는 공무원은 당장엔

손해 보지만 결국엔 인정받기도 합니다.

이 시절 나는 겁도 없이 앞만 보고 달렸습니다. 그 '대책 없던 (!)' 패기가 어디서 나왔는지를 가끔 생각합니다. 나는 그때 심장이 뛰었습니다. 우리가 만든 정책이 새로운 시대의 요구를 담지하고 있다고 믿었기에 당당할 수 있었습니다.

"옳은 길이면 꼴통처럼 그냥 가라!"

심장은 그렇게 말하고 있었습니다. 그럴 때면 온몸에 전율이 솟구쳐 더더욱 결연해지곤 합니다. 심장은 언제 뛰는가? 격랑이 닥칠 것을 알지만 결재란에 서명하는 순간, 바로 맞받아치자고 결심하는 그 순간입니다.

네가 무슨 임꺽정이냐

2007년 당시 한 강남구 소속 직원에게 들었던 볼멘소리가 기억납니다.

"지금 시대가 어느 때인데 임꺽정 행세입니까? 팀장이 무슨 의적입니까? 남의 재산 뺏어서 나눠 주게….'"

서울시 재산세 공동과세 추진에 대한 핀잔이었습니다. 어떤 제도는 적용 당시엔 격한 반발을 불러오지만, 세월이 지나면 그 정신이 확장되어 다른 정책에도 영향을 줍니다. 좋은 유산으로 남은 것이죠.

'서울시 재산세 공동과세'는 현재까지도 지방 재정을 연구하는 전문가들 사이에서 가장 많이 언급되고 있는 단어 중 하나입니다. 지방 소속 국회의원들과 지자체의 건전 재정을 연구하는 시민단체들은 "우리도 서울처럼" 재산세 공동과세를 도입하자고 요구하고 있고, 당사자인 서울시는 현재의 공동과세 비율을 더 높일 것을 고민하고 있습니다.

재산세 공동과세는 행정안전부 지방세제팀장 시절 추진해서 2007년에 입법되어 2008년부터 시행된 제도입니다. 서울시 자치구의 재정 불균형을 조정하자는 취지입니다. 세금은 국세와 지방세로 나뉘고, 지방세는 도세와 시군세로 나뉘는 데 세목이 다양합니다. 도와 시군의 경우 도세 5개와 시·군세 6개로 얼마만큼의 균형 재정을 실시할 수 있습니다. 하지만 특별시와 광역시 관할에 있는 구(區)의 경우 자체 세원의 상당 부분을 재산세에만 의존해야 했습니다.

재산세는 주택과 건축물의 재산 가치에 따라 크게 차이가 납니다. 2007년 재산세 세입을 보면 강북구 175억 원, 강남구 2,560억 원이었습니다. 무려 15배의 차이입니다. 당시 강남 3구(강남, 서초, 송파)가 서울시 전체 25개구 재산세의 40%를 점유할 정도였습니다. 구 재정의 심각한 양극화는 국민이 보편적인 행정서비스를 향유할 기회를 박탈합니다. 당시 회자된 강북의 한 구청장의 이야기입니다.

　　　　　　　　　　　　　　　　大統領들의 남자

"구청장은 연말만 되면 빈 트럭을 몰고 강남구로 향했다. 연말마다 보도블록 교체 공사가 많던 시절이다. 강남구에서 교체하고 버려질 보도블록을 트럭에 한가득 실어 왔다. 물정 모르는 주민들은 무척이나 좋아했다고 한다. 이렇게 품질 좋은 보도블록을 어디서 구해 왔단 말이냐, 능력 있는 구청장 덕분에 우리 동네 길바닥이 빛이 나는구나!"

당시 서울시의 재산세를 손보지 않고 방치하면 참담한 결과가 나올 수 있었습니다. 서울의 모든 부가 강남으로 더 집중되고 강북이 슬럼화될 수 있었기 때문입니다. 애초 자치구의 모든 행정 서비스를 자체 세수로만 충당하는 것은 불가능합니다. 강남의 높은 가치는 강남을 중심으로 건설된 경부고속도로와 신규 지하철 노선, 올림픽대로 등의 교통 인프라의 집중과 이로 인해 명문 학군이라는 강남 8학군이 조성되어 형성된 것입니다. 이는 국가의 막대한 재원 투자의 결과이기도 합니다. 공공재로 인한 재산 가치 상승효과를 특정 구가 독점해야 할 근거는 매우 빈약합니다.

특히 조세 재원의 편중과 불균형으로 인해 다수 국민이 행정 서비스에서 소외되는 문제는 서울을 둘로 쪼갤 수도 있을 정도로 심각한 것이었습니다. 당시 시뮬레이션 결과에 따르면, 현 상태를 방치할 경우 강남과 강북의 격차가 점점 더 벌어져서 25배까지 차이 나는 것으로 나왔습니다. 이 예상은 그대로 들어맞았습니다. 2022년 현재 강남구와 도봉구의 자체 재산세 격차가 23배로 벌어졌기 때문입니다.

그래서 제기된 정책이 '공동과세제도'입니다. 재산세를 서울시와 자치구의 '공동세'로 설정해 그중 50%를 서울시가 징수해 25개 자치구에 균등 배분하자는 것이었습니다. 이렇게 하면 현재의 15배 격차를 5배까지 줄일 수 있다는 판단이 섰습니다. 목표는 격차를 2배 내외로 줄이는 것이었습니다.

행정안전부가 '재산세 공동과세'를 도입해야 한다고 발표하자, 서울의 각 구청은 제각기 반응을 쏟아 냈습니다. 예상했던 대로 강남구와 서초구, 송파구가 결연히 반대했고 재산세 수입이 평균을 훨씬 상회하는 자치구 역시 반대했습니다.

우린 당시 군사작전을 펴듯 이를 실행했습니다. 우선 입법에 반대하는 5개 구를 제외한 20개 자치구와 연대해서 연합전선을 구축해 서울시와 의회의 압도적인 여론으로 만든 데 이어 국회의 의원실을 돌아다니며 '재산세 공동과세를 위한 입법 제안'을 했습니다.

물론 강남 3구의 수장들 역시 보고만 있지 않았습니다. 행정안전부와 대통령실에 강하게 문제 제기를 하는 한편, 입법을 저지하기 위해 국회의원들을 압박했습니다. 우리는 국회에 도착하면 먼저 척후병(?)을 보내 전장(戰場)을 파악했습니다. 강남 3구의 구청장과 직원들이 빠지면 본진(우리)이 들어가고, 그들이 들어오면 의원회관의 계단을 이용해 후퇴하는 게릴라전이 매일같이 벌어졌습니다.

서울특별시 재산세 공동과세는 2008년부터 실행되었습니다. 그 효과는 매우 컸습니다. 2008년 재산세는 강남 1,570억 원, 강북 332억 원으로 4.7배 격차로 줄어들었습니다. 20개 자치구는 현재 이 재산세 교부로 인해 재정의 대부분을 운영하고 있다고 봐도 무방할 정도입니다.

다만 공동과세만으로는 재정 격차를 온전히 해소하지는 못하고 있습니다. 2020년 기준 강남과 강북은 5배 이상의 차이로 꾸준히 벌어지고 있고, 공동과세를 하지 않았을 때 강남구와 도봉구의 재산세 수입은 23배가 나기 때문입니다.

강북의 시의원들을 중심으로 현재의 50% 공동과세를 60%로 올리자는 제안이 터져 나오고, 인천과 부산과 같은 광역시에서도 우리도 서울처럼 공동과세를 하자는 주장이 나오고 있는 이유이기도 합니다.

자본주의가 고도화될수록 부의 격차는 더욱 커질 수밖에 없습니다. 부의 격차는 지방정부의 재원 격차를 발생시키지요. 양극화의 문제는 계급을 넘어 계층과 지역으로 확장되고 이것이 고착되었을 때 국가는 성장의 활력을 잃고 갈등은 재앙을 낳습니다. 재원의 편중은 소득 수준이 낮은 지역의 소비력을 감소시키고, 지역의 생산과 일자리 소멸이라는 악순환으로 이어집니다. 이것이 바로 오늘날 많은 선진국들이 지역의 균형 발전을 추구하는 이유이기도 합니다.

현재 우리가 겪고 있는 인구 소멸과 지방 소외 문제 역시 '재원과 기회의 편중' 측면에서 살펴볼 필요가 있습니다. 자본에는 눈이 없습니다. 메르켈 전 독일 총리의 말처럼, 좋은 정부가 필요한 이유는 야수의 얼굴을 한 자본에 일정한 통제력을 행사할 수 있기 때문입니다. 그럴 때 공정과 균형, 협력이라는 인간의 선한 정신이 유지될 수 있습니다.

물론 모든 것을 균등하게 나누자는 극단적 평균주의는 자립과 경쟁을 막아 기업과 사회의 경쟁력을 약화시킵니다. 정치의 역할을 단순하게 표현하자면, 자원을 배분하고 우선순위를 결정하는 것입니다. 이를 통해 국가는 기회의 공정과 성장의 균형을 추구합니다. 사회의 역동성이 거기서 나오기 때문입니다.

2007년의 '군사작전'을 회상하면 기분 좋은 미소가 떠오릅니다. 비록 완전하진 못해도 좋은 유산을 우리 사회에 남겼다고 생각하기 때문입니다.

우리 잠깐 쉬어 가요

2부 내용은 어떠셨나요? 서승우의 주장에 공감하시나요?

　※ 목표는 소중한 가치를 지키기 위한 수단이 되어야 한
다는 말에 동의하시나요?

– 「은사(恩師) 이원종」 편에서

　□ '아니다' 목표를 이루어야 이후에 가치도 지킬 수 있다.
　□ '맞다' 목표는 수단일 뿐, 중요한 것은 삶의 가치다.

　※ 운도 실력이라는 말에 공감하시나요?

– 「억세게 운 좋은」 편에서

　□ '아니다' 운이 무슨 실력이야?
　□ '맞다' 운칠기삼, 운도 실력이다.

　　　　　　　　　　　대통령들의 남자

3부

닻을 올려라

이명박 대통령 청와대 정무수석실 행정관

이달곤 행자부장관 비서실장

주시드니총영사관 부총영사

행자부 자치제도과장, 지방세분석과장, 재정정책과장

박근혜 대통령 청와대 정무수석실 선임행정관

충청북도 기획관리실장

행정안전부 지방행정정책관

행정안전부 자치제도정책관

충청북도 행정부지사

행안부 자치제도정책관

윤석열 대통령 대통령실 자치행정비서관

갯바위의 우공(愚公)들

2007년 12월에 이명박 후보자가 대통령으로 당선되었습니다. 그해 성탄절에 대통령직 인수위원회라는 곳에 합류했습니다. 처음 인수위로부터 합류 제안을 받았을 때에는 들어가지 않겠다고 했습니다. 행정자치부에서 일한 지 1년밖에 되지 않았고, 나보다 행자부 일을 잘 아는 선배들이 수두룩했습니다. 내가 들어갈 자리가 아니라고 생각했던 겁니다.

그날 밤, 내 말을 들은 친구 도현이는 펄쩍 뛰었습니다. 인수위에 들어간다는 게 공직자에게 얼마나 중대한 사건인지 모르냐는 핀잔이었습니다. 솔직히 몰랐습니다. 당시 도현이는 정보통신부 과장으로 일하고 있었는데, 나보다 세상 물정에 밝았던 것 같습니다. 그날 밤 나는 다시 전화해서 인수위에 합류하겠다는 의사를 밝혔습니다.

법무행정분과 실무위원으로 행자부, 법무부, 법제처, 국정홍

보처, 검찰청, 경찰청에 대한 대통령의 공약 사항과 국정 과제를 정리해서 보고하는 것이 주 임무였습니다. 업무량이 어마어마했습니다. 각종 회의 자료를 비롯해 보고서, '국민 제안'의 정리 등 두 달 남짓한 기간 동안 매일 14시간 정도 일해야 했습니다. 이후 대통령님의 임기가 시작되자, 청와대 정무수석실 자치행정비서관실 행정관으로 차출되었습니다. 이때 나는 국정이 어떤 방식으로 운영되는지, 그리고 현안이 발생했을 때 청와대와 부처가 어떻게 움직이는지를 배웠습니다.

내가 인수위에 발탁된 이유는 나중에 전해 들을 수 있었습니다. 나를 인수위와 청와대 행정관으로 추천하신 분은 내 이력을 비교적 소상히 알고 있었습니다. 내가 서울대 외교학과 출신에 지방자치와 국제 통상 업무 경험이 있고, KDI 해외교육을 이수한 점을 높이 샀다고 전해 들었습니다. 원래 행정자치부에선 나보다 선임인 직원을 추천했는데, 인수위 권한으로 차출했다고 합니다.

청와대는 정부의 기관에서 해결하지 못한 문제들의 종착지였습니다. 어떤 문제들은 지자체와 부처 간의 이견으로 표류했고, 해묵은 주민의 숙원은 부처의 관할 문제로 원점 회귀를 반

복합니다. 법률 개정이 늦어져서 해결되지 않는 문제들도 수두
룩합니다. 모든 문제가 규범과 시스템에 의해 해결될 수 있다
면 좋겠지만, 사람 일이 모두 그럴 순 없습니다. 결국 대통령의
의지와 청와대의 개입이 필요한 이유이기도 합니다.

2007년의 태안 앞바다 기름 유출 사고를 기억하실 겁니다.
12월 7일 대통령선거가 한창일 때 일어난 재앙이었습니다. 만
리포해수욕장 북서방 8㎞ 지점에서 해상 크레인을 끌고 가던
삼성중공업 예인선이 정박 중이던 유조선(허베이스피리트호)을 충
돌하여 원유 1만 2천 리터가 유출되었습니다. 이는 우리나라에
서 일어난 기름 유출 사고 중 역대 최악의 수준이었습니다.

때마침 밀어닥친 세찬 풍랑으로 인해 유조선 주변에 둘러친
방제라인을 넘어 기름이 확산되었고, 흘러넘친 기름은 그믐의
간조기를 타고 인근의 태안·서산·당진·서천·보령·홍성
등 6개 시군을 덮쳤습니다. 태안 바다는 양식장은 물론이요 어
떤 바다 생명체도 살 수 없을 정도로 오염되었습니다. 세계의
해양 전문가들은 사고 이전의 생태계로 돌아가려면 아마도 100
년이 소요될 것이라고 전망했습니다.

대통령들의 남자

전국에서 몰려든 123만 명의 자원봉사자들이 바다를 살렸습니다. 자원봉사자들은 악취 속에서 구토를 참으며 갯바위에 붙은 기름을 일일이 흡착포로 닦아 냈습니다. 흡착포가 부족해 헌옷을 이용해서 기름을 닦아 내거나 오염이 심한 곳은 삽으로 오염된 모래를 퍼내는 고된 활동이었습니다. 그렇게 2008년 2월까지 1차로 바닷가의 기름을 제거했습니다.

하지만 그것이 완전한 방재는 아니었습니다. 사람 발길이 미치지 못하는 험준한 해안 절벽과 무인도에는 많은 타르 덩어리가 남아 있었습니다. 겨울이 가고 바닷물의 수온이 상승하자, 조개 등 폐각에 남아 있던 기름과 타르 덩어리로 떠돌던 기름이 다시 연안을 습격했습니다. 2차 기름 유출이 시작된 것입니다.

당시 환경부, 국토해양부, 충청남도 모두 폐각을 제거하기 위한 예산이 부족했습니다. 현장에서 올라오는 보고는 심각한 수준이었지만, 걱정만 할 뿐 어느 부처도 나서지 않는 상황이었습니다. 나는 행자부, 국토해양부, 환경부 담당 국장을 소집해 긴급대책회의를 가졌습니다. 담당 국장들 모두 난색을 표했습니다. 예상했던 대로 예산 문제였습니다.

시간도 우리 편이 아니었습니다. 기름띠와 폐각은 하루가 다르게 육지에 가까워지고 있었습니다. 나는 비서관님께 특단의 조치를 요청했습니다. 결국 행자부에서 먼저 특별교부금 50억 원을 먼저 지원하고 국토해양부와 환경부가 예산을 충당했습니다. 2주 만에 100억 원에 달하는 예산을 확보해 충청남도가 집행할 수 있도록 했습니다. 2차 유출 피해를 사전에 막은 것입니다.

청와대가 움직이면 세상이 어떻게 바뀔 수 있는지를 몸으로 체험한 사건이기도 합니다. 태안의 위대한 역사(役事)는 유네스코 세계기록유산에 등재되었습니다. 국가적 재난이 닥쳤을 때 한국인들은 어떻게 행동하는가를 보여 주는 상징적인 사건이기도 했습니다. 지금도 해외에선 IMF 금 모으기 운동과 함께 한국인의 특질을 소개하는 소재로 활용되곤 합니다.

그 후 16년이 지났습니다. 이제 만리포해수욕장을 위시한 태안 바다는 황금빛 낙조와 복원된 생태계를 자랑하고 있습니다. 백 년이 걸릴지도 모른다는 일을 한국인은 10년 안에 해결했습니다. 우공이산(愚公移山)이라는 말이 있지요. 우공이라는 노인이 실제로 태산을 옮겼다는 말로, 꾸준한 인간의 노력이 얼마나 위대한지를 설명합니다.
하지만 진정한 기적은 한 사람의 '우공'이 아닌, 다수가 '우공'

이 되었을 때 탄생합니다. 태안의 검은 바다에 맞선 백만의 하얀 인파, 이것이야말로 위대한 기적입니다. 그 장엄한 역사 안에 나 역시 있었기에, 지금도 차를 몰고 가다가 천수만 너머 서해 바다가 펼쳐지면 아이들에게 그 웅장했던 전설을 말하지 않고는 견딜 수가 없는 것입니다.

그해 봄은 추웠습니다

2008년은 어지러운 해였습니다. 대통령 취임 직전인 2월 10일 새벽에 숭례문이 방화로 소실되었고, 미국산 쇠고기 수입 협상에 따른 대규모 촛불시위는 봄부터 시작해 가을까지 광화문 일대를 물들였습니다. 한 풍수학자는 방송에 나와서 원래 삼악산(관악·인왕·도봉)의 거친 기를 막고 화기(火氣)를 막기 위해 세웠던 숭례문이 사라지자 촛불시위(火)가 번진 것이라며 숭례문의 조속한 복원을 촉구할 정도로 민심이 흉흉했습니다.

2009년 봄엔 故 노무현 전 대통령이 서거하셨고 이어서 8월에는 김대중 전 대통령도 서거하셨습니다. 온 국민이 충격과 비통에 빠졌습니다. 노무현 전 대통령의 장례는 국민장(國民葬)으로 엄수되었고, 김대중 전 대통령의 장례는 국장(國葬)으로 엄수되었습니다. 추운 봄이었습니다. 청와대 자치행정실 행정관으로 일하고 있었기에 충분히 슬퍼하고 추모할 시간도 없었습니다. 정신없이 바쁘게 뛰어다녀야 했고, 파악해야 할 현안도 많았습니다.

나는 정치의 비정함과 한국의 역대 대통령의 참혹한 말로에 대해 자주 생각했습니다. 김대중 전 대통령을 제외하고 1981년 전두환 대통령 이래 모든 대통령들의 퇴임 이후는 좋지 않았습니다. 이 '한국적 특징'에 대한 세계의 반응은 크게 두 가지로 압축됩니다. 한국인의 민주주의가 전임 대통령을 사법처리할 정도로 강력하며, 그럼에도 헌정이 지속된다는 것은 배워야 할 점이라는 의견이 있습니다.

반면에 정권이 바뀔 때마다 전임 대통령을 사법처리하는 것은 증오의 정치 유산이라는 지적입니다. 때로 법치를 통한 정의보다 지혜로운 것은 국민 통합이 아니겠냐는 지적도 많습니다. 그런 점에서 김대중 대통령님의 리더십은 '큰 어른의 풍모'가 아닐까 생각합니다. 현재 오십 대 오십으로 나뉘어 극단적인 저주와 대결을 반복하는 한국의 정치 지형을 보면 더더욱 그렇습니다.

이명박 정부의 청와대 행정관으로 일한 지 1년 10개월 만인 2009년 9월, 나는 이달곤 행정자치부장관 비서실장으로 발탁되었습니다. 당시 행정자치부는 내무부, 총무처, 비상기획위원회가 통합된 소위 공룡부처였고 업무 범위도 무척 넓었습니다. 따라서 장관 비서실장은 조직의 업무 범위와 담당자를 잘 알고 있어야 합니다. 청와대 행정관 경험은 비서실장 업무에 적응하는 데 큰 도움이 되었습니다. 비서실장으로 일하면서 행자부의 국·과장을 비롯해 거의 모든 간부를 알게 된 것도 큰 성과였습니다.

2010년 일본 도쿄에서 열린 한·일 내정 관계자 회의

이후 행자부 자치제도과장, 지방세분석과장, 재정정책과장으로 일했습니다. 이때 청주시와 청원군의 통합을 성사시켰고, 행정중심복합도시 세종시가 출범했습니다. 나는 지방정부의 재정건전성에 역점을 두고, 경제적 타산 없는 사업 추진, 한탕주의식 낭비사업 등을 방지하기 위한 조치를 추진했습니다. 대표적인 사례로 지방의 통합부채관리제도, 지방재정 투자심사 강화, 지방보조금 관리강화, 지방재정영향평가제도 등이 있습니다.

지방제도에 대한 이와 같은 전문성과 개혁 노력은 이후 대통령 비서관실에서 근무할 수 있는 자산이 되었습니다.

시드니 아리랑

2011년엔 시드니총영사관 부총영사로 발령받았습니다. 많이 알려지진 않았지만, 지자체의 국제 교류와 통상 업무를 지원하기 위해 설립된 지방자치국제화재단이란 곳이 있습니다. 재단의 해외사무소는 뉴욕 · 동경 · 파리 · 북경 · 시드니 등지에 있었는데, 이들 기능을 재외공관에 통합하면서 내가 파견되었습니다.

당시 직함은 국제화재단 사무소장 겸 시드니총영사관 부총영사였습니다. 지방자치단체의 교류 · 통상을 지원하면서, 대한민국을 대표하는 외교관으로 활동해야 했습니다. 대통령 직속기구인 민주평화통일자문회의의 해외 업무와 동포 지원, 지자체의 국제 교류와 행사, 대한민국 홍보 등이 주 업무였습니다.

가족이 함께 갔는데, 외교관에게 차려지는 혜택도 많았습니다. 시드니 물가가 만만치 않았는데, 체류 비용 일체를 국제화

대통령들의 남자

재단에서 해결해 주었고 불체포 특권에 통행료 면제, 면세 주류 혜택 등을 누렸습니다. 2년이라는 기간이었는데, 체류비용을 국가가 해결해 주니 급여를 저축할 수 있었습니다. 아내는 내 공직 생활 20년 동안 모은 돈보다 시드니에서 2년간 모은 돈이 더 많다며 기뻐했습니다.

한국의 친구들과 동료들이 올 때마다 아내는 티본스테이크를 요리로 대접했습니다. 그 맛이 일품이었던지, 지금도 가끔 친구들은 시드니에서 먹던 제수씨의 스테이크가 그립다는 말을 합니다.

2012년 주시드니총영사관 부총영사 시절, 자치단체국제화센터 홍보관 앞에서

지금도 그렇지만, 당시 호주는 우리나라 수입 광물 총량의 3분의 1을 담당하고 있었습니다. 광물 수입이나 자원 외교를 통한 채굴권은 호주 주정부 권한이었는데, NSW(뉴사우스웨일스주) 주정부를 시드니총영사관이 담당하고 있었습니다. 당시 30여 한국 기업이 투자로 현지법인을 설립했고, 총영사관은 이들 법인을 지원했습니다. 외교관으로서 본국으로 보내는 각종 보고서 작성에 많은 시간을 보내야 했습니다.

　2011년은 한국과 호주 우호교류 60주년이자, 한국전쟁 참전 50주년이기도 했습니다. 대한민국 해군함 입항 행사, 참전용사 감사 행사, 주정부와 시정부에 태극기 달기 행사 등으로 즐겁게 일했습니다. 호주 각 고등학교에서 한국어를 제2외국어로 선택하게 하는 활동도 신나는 일이었습니다.

　한국문화원 세종학당은 한국어 교육 등의 문화 교류에도 힘을 기울였습니다. 아시아를 넘어 K-POP을 세계에 알린 첫 주자인 싸이의 〈강남스타일〉(2012년 발표)을 시드니 거리에서 쉽게 들을 수 있던 시절이었지만, 당시 호주인의 한국에 대한 인지도는 낮았습니다. 한국에서 왔다고 말하면 대개 '한국전쟁', '김정은'과 '삼성', '강남스타일' 정도를 언급하는 데 그쳤습니다. 10년이 지난 지금에 와서 보면 그야말로 격세지감입니다.

　　　　　　　　　　　　대통령들의 남자

워킹홀리데이 제도로 인해 꽤 많은 한국 청년들이 호주로 왔습니다. 한국 유학생이 5만에 육박하던 때도 있었습니다. 꿈을 안고 호주에 왔지만, 이곳에서 길을 잃은 한국 청년도 많았습니다. 성매매가 합법이고 마약을 쉽게 접할 수 있으니 각종 사고에 연루됩니다. 특히 뚜렷한 목적 없이 영어를 익히겠다는 생각으로 호주에 와서 한국 친구와만 어울리며 탐닉에 빠져드는 청년을 보며 안타까워한 적이 한두 번이 아닙니다. 새벽에 울리는 전화 대부분은 이런 사고를 처리하는 업무였으니까요.

해외로 나가면 모두가 애국자가 된다고 합니다. 치안이 불안한 나라에선 한국의 밤거리가 그립고, 저개발 국가에 가면 한국 기업의 약진에 가슴이 뻐근해집니다. 뛰어난 복지제도로 높은 삶의 질을 영위하는 모습을 보면 한국 생각이 먼저 납니다. 이렇듯 애국심은 다양한 형태로 표출됩니다.

호주에 있으면서 나는 국가의 존재 이유에 대해 자주 생각했습니다. 무역수지 또는 GDP로 대변되는 경제적 수치 말고 삶의 질과 행복지수에 대한 고민을 했습니다. 호주는 세계에서 처음 노동당이 집권한 나라답게 보편적 복지가 상당히 잘되어 있습니다.

영주권자이면 고등학교까지의 모든 교육비가 면제이고, 대학에 가면 연방정부가 자금을 지원해 줍니다. 한국처럼 누구나 대학을 가는 것이 아니라, 고등학교 2학년 무렵 직업 상담을 통해 진로를 결정하면 학교가 사회 진출 훈련을 돕습니다. 블루칼라가 웬만한 대졸 회사원보다 더 많은 돈을 벌 수 있고, 복지 혜택이 안정적이니 직업 선택에 있어서도 다양한 도전을 할 수 있습니다. 물론 보편적 복지에 따른 세금 부담은 당연히 높은 편입니다.

주말이면 시드니 앞바다는 요트와 바비큐 파티를 즐기는 시민들로 가득합니다. 나는 그들을 보면서 참으로 삶을 즐기고 있다는 생각을 하곤 했습니다. 인상적인 것은 결혼과 출산, 양육과 교육, 그리고 취업에서 노년까지, 즉 사람의 생애 주기에 맞춘 제도가 일관성 있게 구축되어 있다는 사실입니다.

호주는 한국과 달리 부동산이 출산을 저해하지 않고, 최저임금 노동으로도 살아갈 수 있습니다. 한국의 경우 0.7명 이하라는 세계 최저의 합계출산율을 기록하고 있음에도 출산과 육아를 담당하는 부처를 특정하기 어렵습니다. 사람의 생애를 중심에 놓고 국가가 이를 지원하는 것이 아니라, 업무의 영역을 분절해서 접근하기 때문입니다.

대통령들의 남자

2012년 시니드 부총영사 시절, 퀸슬랜드 한국전 참전용사 기념탑 앞에서 호주
군 참전용사와 함께

 시드니총영사관에서 차로 20분 정도 달리면 호주 최초의 항
해용 등대인 '혼비 라이트하우스(Hornby Lighthouse)'가 나옵니다.
어느 겨울 새벽에 일출을 보기 위해 이곳을 찾았습니다. 얼굴
을 사정없이 때리는 맵짠 바람에 눈물을 쏙 빼면서 뒤채이던 먹
색 수평선이 보랏빛으로 물드는 것을 보았습니다.

 호주와 한국의 시차를 생각했습니다. 이곳에 해가 뜨면 2시
간 후 한국 동해의 오징어잡이 배에도 붉은 해가 들 것입니다.

그 바다를 보다가 나도 모르게 흥얼거린 노래가 〈아리랑〉이었습니다. 시드니에서 한국은 가슴 벅차지만, 애잔하고 가슴 시린 가족사 역시 떠올리게 합니다. 이 복잡한 감정은 해외에서 더욱 증폭되기 마련입니다. 시드니에서의 2년은 국가의 존재 이유에 대해 성찰할 수 있는 계기가 되었습니다.

가문의 설욕

신부전증을 오래 앓았기에 헌혈은 나와는 먼 일이었습니다. 고등학교 시절에 친구들이 팔을 걷고 헌혈차 앞에서 줄을 설 때에도 나는 먼발치에서 구경만 했습니다. 헌혈을 할 수 없다는 사실은 묘한 감정을 동반합니다. 그것은 내가 건강한 남자가 아니라는 증표였죠. 내 피가 누군가의 생명을 위해 쓰이지 못할 정도의 '불량품'이라거나 피를 조금만 뽑아도 빈혈로 휘청거리는 약골이라는 것을 의미합니다. 이 야릇한 소외감은 평소에 잠복해 있다 헌혈차가 나타나면 발동되곤 했습니다.

광화문 정부종합청사에서 일할 무렵이었습니다. 청사 앞마당에 헌혈 차량이 들어왔습니다. 그날 무슨 영문이었는지, 오랫동안 하지 못했던 질문을 던졌습니다.

"어렸을 때 만성신부전증을 앓았는데, 헌혈을 할 수 있나요?"

간호사는 지금도 앓는 지병인지를 물은 뒤 당연히 헌혈을 할 수 있다고 답합니다. 헌혈을 하면 혈액 검사까지 무료로 해 주니, 그 결과를 보면 더 정확한 결과를 알 수 있다는 말이었습니다. 지당한 말이었습니다. 내가 병원 신세를 지지 않고도 건강하게 살고 있으니 내 피가 부적합할 것이라는 생각은 고정관념일 뿐입니다. 나의 첫 헌혈은 그렇게 이루어졌습니다.

신부전증을 앓으면서 혈액 투석을 하는 환자를 많이 보았습니다. 신장 혈액투석은 혈액 속의 요산과 같은 노폐물을 제거하는 것인데, 이 과정에서 적혈구가 줄거나 파괴되기도 합니다. 그런 환자들은 수혈을 받아야 합니다. 나는 그 시절에 이미 수혈이 어떻게 사람을 살리는지 잘 알고 있었습니다. 그래서 내겐 첫 헌혈이 무척이나 뜻깊게 다가왔습니다.

그날 이후 정기적으로 헌혈했습니다. 헌혈을 하면 내 건강 상태를 확인할 수 있고, 타인의 생명도 구할 수 있습니다. 그리고 헌혈을 습관화하면 이전보다 몸 관리에 신경을 쓰게 됩니다.

우리 집 아이들도 헌혈에 열중한 적이 있었습니다. 아이들은 어려서부터 군대 가는 것을 어떤 국방의 의무 같은 것을 넘어 '가문의 설욕' 정도로 생각했습니다. 할아버지가 해병대에 들어갔지만 만기 전역을 하지 못했고, 또 아버지가 미필이기에 자

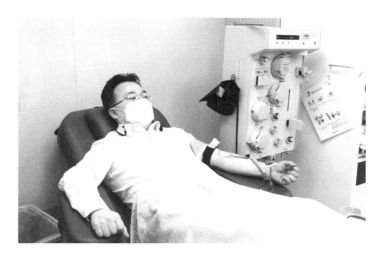

2022년 '사랑의 헌혈' 행사. 헌혈을 해도 괜찮다는 것을 알고 난 후로 나는 주기적으로 헌혈을 했다.

기들은 꼭 만기 전역을 해야 한다고 생각했습니다. 고위공직자 집안의 아들이라면 응당 군에 자원해야 한다고요.

지금도 헌혈 가산점 제도가 있습니다. 헌혈을 하면 군의 특정 보직에 지원했을 때 가산점을 받을 수 있다고 합니다. 헌혈 1회당 1점씩 가산해서 4회면 4점의 가산점을 받습니다. 첫째는 포천의 포병여단의 수송병으로 자원입대했고, 둘째는 평택 험프리스 미 육군 기지의 카추샤(Katyusha)로 복무했습니다. 첫째는 수송병이 되기 위해 1종 보통 운전면허를 따서 연습도 많이 했습니다.

예나 지금이나 육군훈련소는 군에 보낸 엄마들의 눈물을 쏙 빼놓는 재주가 있습니다. 첫째가 군에 가고 2주 후 훈련소에서 보낸 택배가 집에 도착했습니다. 종이 상자 안에는 아이가 군에 가기 전 마지막으로 입었던 옷가지와 소지품이 들어 있었는데, 퇴근해서 집에 가자 이미 아내의 눈이 퉁퉁 부어 있었습니다. 대성통곡까지는 아니더라도 꽤나 눈물을 뺐을 것입니다.

아마 이 상자 앞에서 울지 않을 엄마는 없을 것입니다. 나 역시 먹먹했으니까요. 육군훈련소의 소인이 찍힌 우편물은 '아이가 군인이 되었다'는 사실과 함께 이별을 더욱 현실감 있게 전달합니다. 요즘엔 군복 입은 아이의 늠름한 모습과 내무반 동료들과 찍은 사진도 동봉한다고 합니다.

카추샤가 된 둘째는 좀 너무한다 싶을 정도로 자주 외박을 나왔고, 비교적 자유로운 병영 생활을 했습니다. 병사 둘이 침대가 있는 방에서 생활하며 공부할 시간도 많았다고 합니다. 하지만 첫째는 고생을 많이 했습니다. 첫째는 가볍게 가는귀가 먹은 상태였는데, 대수롭지 않게 생각했던 이 문제가 군에선 큰 문제가 되었습니다. 선임과 간부들의 지시를 제대로 듣지 못하는 일이 잦아지자 고의적으로 과업을 태만했다는 오해를 산 것입니다.

또 자가면역질환으로 허리 통증이 심했는데 이걸 군 병원에선 아무 이상이 없다고 진단하다 보니 선임과 간부들에게 빠져서 꾀병 부린다고 '찍혔던' 모양입니다. 휴가 나온 아이가 종합병원 검사를 받고 나서야 병명을 알 수 있었습니다. 이런 이유로 선임들에게 육체적 괴롭힘도 많이 당했는데, 사실 지금 정서로 따지면 헌병대(군사경찰)가 나서야 할 사안이었습니다. 나는 나중에 그 사실을 전해 듣고도 아이에게 별 도움을 주지 못했습니다.

고위공직자라는 직위를 권세로 인식해서 '갑질'하는 사람도 많습니다. 하지만 우리 아이들은 달랐습니다. 아버지 때문에 더더욱 군대에 가야 한다고 생각했고, 피해를 당해도 그냥 참아야 한다고 생각했습니다. 나는 멋진 사회인으로 자란 아이들이 참 고맙습니다. 이런 성정은 아내에게서 물려받은 것이 아닌가 하는 생각이 듭니다.

아내는 최근까지 한 아동기관에서 시간제 근로자로 일했습니다. 직장 동료들에게 남편의 직업을 '평범한 회사원'이라고만 말했다지요. 올여름(2023년) 장모님이 별세하셨는데, 빈소에는 대통령님과 대통령비서실 직원 등이 보낸 화환으로 가득했습니다. 그것을 보고서야 아내의 동료들은 남편이 대통령 비서관이라는 것을 알고 매우 놀라워했습니다.

사실 대통령 비서관은 높은 직책이 아니라 중요한 직책일 뿐입니다. 세금으로 월급을 받고 헌신해야 하는 공복인데, 다만 이런 국민적 상식을 상식 그대로 행한 가족이 고마울 따름입니다.

일은 이시종처럼

충북을 떠난 지 8년 후 나는 다시 돌아왔습니다. 2015년 12월 충청북도 기획관리실장으로 부임했습니다. 행정자치부를 거쳐 청와대로, 그리고 다시 시드니로 떠났으니 먼 길을 돌아서 온 기분이었습니다. 이곳에서 2년 4개월간 이시종 지사님을 모시고 일했습니다.

과거 이원종 지사님을 모실 때 나는 그로부터 공직자로서의 철학과 품성을 배울 수 있었다면, 이시종 지사님으로부터는 '일꾼의 사업 방법'을 배울 수 있었습니다. 이 시기 충청북도는 정부합동평가 6년 연속 전국 최우수, 정부 예산 5조 원, 충북도 예산 4조 원 확보, 중부고속도로 확장, 청주국제공항 활성화, 강호축 발전축 구상, 바이오헬스 혁신융합벨트 사업으로 질주했습니다.

이원종 지사께서 충북 발전의 그림과 토대를 닦았다면, 이시종 지사님은 말을 탄 기세로 과실을 수확해 나갔습니다. '일을 제대로 하려면 저렇게 뛰어야 한다.'는 것을 곁에서 배울 수 있었습니다. 이시종 지사는 타고난 충북맨이었습니다. 사업이든 예산이든 충북에 도움이 되는 것이라면 작은 부분에서도 결코 손해 보는 일이 없었습니다.

내가 부임했던 2015년에 이 지사님은 신년 과업으로 '사즉생충(四卽生忠)'이라는 사자성어를 제시했습니다. 만년 3%에서 탈피해 전국 대비 4%의 충북 경제를 만들겠다는 슬로건이었습니다. 이듬해인 2016년에는 충북의 기운이 세계로 나아간다는 '충기만세(忠氣萬世)', 2017년에는 하늘로 솟아 바다 멀리 가겠다는 뜻의 '비천도해(飛天渡海)'를 제시했습니다. 이 사자성어에서 보듯 이 지사님은 전형적인 목적 지향형 인물입니다.

나는 당시 지사님과 거의 한 몸처럼 움직였습니다. 연간 1조 원 규모의 태양광 모듈을 공급하는 한화큐셀 공장의 속도전식 준공, 증평에듀팜특구의 설립, 1조 6천억이 투자되는 CJ 식품 클러스터 유치와 산단 건설, SK 하이닉스의 청주공장 확장, 현대엘리베이터 유치, 중부내륙철도 등 투자 유치를 위해 절치부심하며 쪽잠을 잤던 시절입니다. 실제로 충청북도에 '돈이 돌기

대통령들의 남자

2017년 12월, 이시종 지사님으로부터 홍조근정훈장을 받았다.

시작'하고 인구 증가가 눈에 띄게 성장한 것도 이 무렵입니다.

　예산 확보에도 이 지사님은 악착같았습니다. 1~2억 원가량의 소액 예산도 포기하는 법이 없었습니다. 이를 관철시키기 위해 예산이 기획되는 시즌에는 세종시로 가서 기재부, 농림부 사무관을 설득했고, 국회 예결위가 열리는 시점에서는 매일 국회와 중앙부처로 출근하다시피 했습니다. 아침에 도착해서 오후 5시까지 의원실을 다니며 왜 이 예산이 반영되어야 하는지를 설명했습니다. 이 무렵 나와 지사님은 국회의사당만 돌아다 녔음에도 하루 3만 보를 초과하는 기록을 연일 경신했습니다.

하루는 의원실 방문을 마치고 청주로 내려오다 조금 전까지 설명했던 예산이 예결위에 반영되지 않을 것이라는 정보를 입수했습니다. 그때가 오후 4시, 청주 나들목을 목전에 둔 지점에서 지사님은 차를 돌리라고 했습니다. 우리는 예결위원장을 만나 매달리며 설득했고, 결국 예결위원장도 질려 버렸다는 듯 예산안을 반영해 주었습니다.

나는 가끔 이원종, 이시종 이 두 분의 도지사를 생각하면서 이 두 사람의 특질을 모두 가질 수 있다면 최고의 공직자가 되겠다는 생각을 했습니다.

이원종 지사가 통찰력과 사람을 매료시키는 선비적 풍모를 지녔다면, 이시종 지사는 저돌적인 태세와 상인의 현실감각으로 무장했습니다. 이는 아마 김대중 전 대통령님이 언급했던 "서생적 문제 인식과 상인의 현실감각" 이 두 개의 축 위에서 균형을 추구하는 인간형 아닐까요.

지방화시대의 서곡

충북도청 기획관리실장으로 일하다 2018년 4월, 행정안전부의 부름을 받았습니다. 문재인 정부 2년차로 지방자치제도의 혁신을 준비하라는 것이 그 이유였습니다. 자치제도정책관으로서의 소임은 32년 해묵은 지방자치법의 전부개정안을 마련하는 것이었습니다.

아시겠지만, 원래 지방자치는 1948년 건국 헌법에 명시된 제도였습니다. 5 · 16 쿠데타 이전까지 단체장 직선제가 실시되었습니다. 박정희 정부의 '임시조치법'에 의해 지방의회가 해산되고, 지방자치를 남북통일 이후로 유보한다고 결정하면서 전국의 모든 시 · 도지사, 시장 · 군수의 관선제(임명직)가 시행되었습니다. 1987년 민주화운동으로 대통령 직선제와 지방자치법을 부활시켰지만, 당시 노태우 정권은 지자체장 직선제에 대해 매우 부정적이었습니다. 지방재정의 자립 수준이 매우 낮다는 것이 그 이유였습니다.

김대중 전 대통령은 '미스터 지방자치'라고 불릴 만큼 지방자치제의 부활을 위해 오랜 시간 싸웠습니다. 1990년 10월 8일에 '지방자치제 부활과 군의 정치적 중립'을 요구하며 13일간의 단식을 결행했는데, 이후 국민적 요구로 인해 1991년에 기초의원 선거가, 1995년 김영삼 대통령의 결단으로 자치단체장 선거가 실시되었습니다. 김대중 전 대통령은 당시 지자체 선거가 필요한 이유로 "국민의 민주적 권리 향상과 관권부패의 시정, 지역민의 이익과 자치 역량의 강화"를 들었습니다.

우리가 살고 있는 공화국을 '87년 체제'라고 부릅니다. 1987년 개정헌법 체계에서 살고 있는데, 30여 년이라는 세월이 흐르면서 헌법이 변화된 국가 현실을 반영하지 못하고 있기에 87년 체제를 구체제, 즉 학술 용어로는 '앙시앵레짐(Ancien Régime)'라고도 부릅니다. 새로운 공화국이 들어설 때마다 개헌 논란이 있는 이유이기도 합니다.

지방자치법 역시 1988년 전부개정 이래 일부만 바뀌어 왔습니다. 헌법 개정은 국회 의결과 국민투표, 대통령의 결단 등이 필요하지만, 지방자치법 개정은 국회 가결로 실현될 수 있습니다. 또 오랜 세월 지적된 해묵은 과제였기에 국회의 동의도 어렵지 않았습니다.

대통령들의 남자

지방자치법 전부개정안[1]의 핵심은 자치단체의 자치권을 확대하고 역량을 강화하며, 수직적이었던 중앙과 지방의 관계를 재정립하고, 부여한 자율성에 걸맞은 투명성과 책임성을 확보하는 것이었습니다.

대표적으로 '자치분권 협의제'는 중앙행정기관의 법령 개정 시 지자체의 자치권 침해 여부를 사전에 검토하는 것을 의무화한 제도입니다. 또 '지방이양일괄법'은 국가 권한을 획기적으로 지방에 이양하기 위한 법률로 19개 부처 소관의 66개 법률의 일괄 개정 등을 담고 있습니다. '특별지방자치단체' 설립에 대한 법적 근거(지방자치법 12장)를 마련한 것도 중요했습니다. '부산울산경남특별연합'이 탄생하게 된 배경이기도 합니다.

---

1   개정 이유: 민선지방자치 출범 이후 변화된 지방행정환경을 반영하여 새로운 시대에 걸맞은 주민 중심의 지방자치를 구현하고 지방자치단체의 자율성 강화와 이에 따른 투명성 및 책임성을 확보하기 위하여 지방자치단체의 기관 구성을 다양화할 수 있는 근거를 마련하고, 지방자치단체에 대하여 주민에 대한 정보 공개 의무를 부여하며, 주민의 감사청구 제도를 개선하고, 중앙지방협력회의의 설치 근거를 마련하며, 특별지방자치단체의 설치·운영에 관한 법적 근거를 마련하고, 관할구역 경계조정 제도를 개선하는 한편, 주민의 조례에 대한 제정과 개정·폐지 청구에 관한 사항을 현행 법률에서 분리하여 별도의 법률로 제정하기로 함에 따라 관련 규정을 정비하는 등 그 내용을 반영하여 「지방자치법」을 전부개정하려는 것이다.

특히 국가와 지방 간 협력을 의무화하고, '중앙지방협력회의'를 법제화한 것은 이후 윤석열 정부의 새로운 지방시대 실현을 위한 법적 토대가 되었습니다. 2020년 12월 9일 지방자치법 전부개정안은 국회를 통과·공포되었습니다. 32년 만의 전부개정이었습니다.

지방자치법의 전부개정을 실현하고 2년 후인 2022년, 윤석열 대통령실의 자치행정비서관으로 부름을 받았을 때 나는 '숙명'을 생각했습니다. 지방제도 전문가로 일했던 지난 세월의 구상을 새 정부에서 현실화할 수 있겠다는 꿈을 가졌습니다. 윤석열 정부의 '지방시대' 구상은 이렇게 시작되었습니다.

대통령들의 남자

국회의원이 되어야 철도를 까는구나

2018년, 2년 4개월간의 충청북도 기획관리실장 소임을 마감하고 중앙부처로 불려 갔지만, 이시종 지사님과의 인연은 이어졌습니다. 충북을 떠난 지 3년 만인 2021년 4월에 다시 충청북도 행정부지사로 돌아왔습니다. 코로나 팬데믹이 한창인 때

2021년 4월. 행정부지사로 부임 후 첫 업무는 보건소에서 코로나19 감염병 대응을 점검하는 것이었다.

라 부임 첫날 청주시 서원구의 예방접종센터를 찾아가 백신 수급과 접종 등의 현안을 점검하며 업무에 돌입했습니다. 코로나 19 대응이 최우선 과제였고, 충북의 전략사업을 성사시키는 것 또한 중요했습니다.

만약 독자가 이 책을 순서대로 읽으셨다면, 나의 공직 생활은 끝없는 전출과 이사의 과정이라는 것을 아실 겁니다. 공직 생활의 절반을 충북에서, 또 나머지는 서울 중앙부처와 해외에서 보냈습니다. 초임 시절을 제외하면 보통 2년이 되기 전에 새로

2021년 충청북도 행정부지사 시절

대통령들의 남자

운 임무를 부여받았습니다. 관운(官運)이 따랐기에 가능했고 자주 옮겨 다녔기에 나는 이사의 달인이 되었습니다. 옮길 짐은 늘 최소화했고, 가구나 전자제품은 되도록 사지 않았습니다. 어떤 짐은 풀지도 않고 다음 부임지를 생각해서 포장한 상태로 둡니다.

흥미롭게도 나는 지방에선 통상전문가로 통했고, 중앙에선 지방전문가로 통했습니다. 세월이 흐르면서 지방과 중앙, 국제통상이라는 3개의 축은 공직자로서의 내 전문성을 대표하게 되었습니다.

충북 행정부지사로 일하면서 서울 집에는 1년에 4번 정도밖에 가지 못할 정도로 바빴습니다. 매일 팬데믹 비상 대응을 해야 했고, 일을 억척스레 밀어붙이는 지사님의 호흡에 맞추기 위해 뛰어야 했습니다. 당시 추진했거나 이미 진행되고 있던 굵직한 사업의 대강만 추려도 다음과 같습니다.

• 중부고속도로 확장	• 중부고속도로 리모델링
• 영동–진천 고속도로 유치	• 충청내륙고속화도로사업
• 제2충청내륙고속화도로사업	• 천안–청주공항 복선전철사업

• 중앙선복선전철사업	• 충북선철도고속화사업
• 오송제2생명과학단지	• 오송제3생명과학국가산업단지
• 충북바이오헬스국가산업단지	• 오송화장품산업단지
• 오송테크노밸리산업단지	• 다목적 방사광가속기 사업
• 미래해양과학관 건립	• 국립소방병원 설립
• 증평도안2농공산업단지사업	• 청주공항 활성화 대책 등

나는 이 기간을 생각하면 탈피한 나비의 날갯짓이 떠오릅니다. 상전벽해의 기간입니다. 이때 충북은 정부합동평가 6년간 연속 전국 최우수와 우수라는 기염을 토했습니다. 정부합동평가는 국가위임사무, 국가보조사무 및 국가주요시책의 추진 성과를 관계부처에서 판단하는데, 지자체 전 분야를 대상으로 하기에 해당 지자체의 행정 역량을 단적으로 드러내는 지표입니다. 이 기간 나는 기획관리실장으로 정부 예산 첫 5조 원, 충북도 예산 4조 원을 확보라는 실적을 달성했습니다.

그런데, 당시 이시종 지사의 업력은 의지로만 달성된 것은 아닙니다. 지자체장의 요구라고 국회의원들이 받아 주는 것은 아닙니다. 이시종 지사가 특별했던 이유는 그가 전직 국회의원

(2004~2010)이었다는 점입니다. 충주시장이었던 이시종 지사가 국회의원이 되겠다고 결심한 이유가 의미심장합니다.

　1997년 중부내륙고속도로가 착공되었을 때 한 지역의 원로 (김영호 옹)가 내친김에 서울-충주-김천을 잇는 철도도 깔자며 제안했다지요. 그는 서울-충주-문경을 잇는 철도 구상을 이때부터 시작했습니다. 3년에 걸친 그의 노력으로 2000년 제4차 국토종합계획에 '중부내륙철도'가 반영되었습니다. 성남 판교에서 여주-충주-문경 노선이었습니다.

　하지만 사업 예산이 확정되던 2002년, 당시 국회 계수조정위원이었던 한 국회의원이 '원주-제천 간 복선전철화 사업'을 밀어붙였습니다. 결국 신규 사업 증액 제한에 걸려 그 국회의원의 사업은 예산을 받았지만, 이 중부내륙철도 사업은 무산되었습니다.

　언젠가 그는 그날을 회상하면서 내게 이런 말을 했습니다.

　"그 일을 겪으면서, 얼마나 분하던지. 철도를 깔려면 국회의원 정도는 되어야 하는구나라고 생각했지. 그런데 그 국회의원 지역구가 충북 제천이야. 충북 정치인 둘이서 힘겨루기 한 거야. 그 사람 입장에선 지역 숙원 사업을 해결한 셈이지. 분해도 어쩌겠어. 현실이 그런데. 내가 그래서 결심했어. 국회의원이 되기로."

국회의원이 된 그는 결국 2021년 이 철도를 개통하는 데 성공합니다. 중부내륙철도는 김천-거제로 확장되어 제2경부선이 될 가능성이 유력합니다. 자치단체장과 국회의원을 모두 경험한 선배들은 이런 말을 합니다.

"일은 시장이나 도지사가 재미있는데, 재미없어도 결국 일이 되게 만드는 사람은 국회의원이다."

자치단체장은 제한된 예산과 권한 내에서 자신의 신념에 따라 사업을 기획할 수 있습니다. 여기에 자신의 철학을 녹여 내는 것도 가능합니다. 하지만 국토 계획의 승인과 법령의 변화, 예산을 결정하는 곳은 결국 국회입니다. 충북의 오랜 숙원 사업이었던 청주공항의 활주로 신설 또는 연장 문제 역시 마찬가지입니다.

충청북도와 중앙부처, 청와대를 오가며 주민의 염원이 어떤 경로로 현실화되는지를 확인해 왔던 나로서는 일 잘하는 사람이 국회에 있을 때의 그 폭발력을 수긍하게 됩니다. 이 시절의 경험으로 나는 더 큰 꿈을 꿀 수 있었습니다.

이 시절 전까지는 공직자로서 어떻게 사느냐가 중요한 문제였다면, 이후에는 내가 타인을 위해 구체적으로 무엇을 할 수 있느냐가 중대한 문제로 다가왔습니다. 즉, 개인의 양심과 도덕성을 지키는 것을 넘어 현실을 바꿀 수 있는 힘에 대해 고민했습니다. 나는 그렇게 현실정치를 배우고 있었습니다.

2021년 8월, 충청북도 도정 관련 민원인과의 간담회

2021년 4월, 충청북도 행정부지사 부임 신고를 마치고 이시종 지사님과

2022년 1월, 생산적 일손 봉사 행사

대통령들의 남자

2021년 대통령선거를 앞두고 충청북도 주요 현안을 대선 공약에 반영해 달라는 공개 건의를 했다.

대통령과의 동행

2022년 3월 윤석열 당선자 인수위원회가 구성되었을 당시, 나는 충청북도 행정부지사로 일하고 있었습니다. 나는 충북의 주요 과제를 정부의 국정과제로 반영하기 위해 인수위의 주요 인사들에게 설명하는 일과를 보내고 있었습니다. 그러던 중 인수위로부터 대통령실 정무수석실 자치행정비서관으로 발탁되었다는 연락을 받았습니다. 대통령과의 동행은 그렇게 시작되었습니다.

자치행정비서관은 행안부와 지자체 관련 업무를 총괄하고, 대통령의 지방시대 정책을 추진하며 지방과 협력하는 자리입니다. 비서관의 역할은 대통령의 구상을 현실화하기 위해 대통령을 보좌하는 사람입니다. 어떤 관점에서 보자면 비서관 개인의 정견보다 대통령의 의중을 절대적으로 반영해야 합니다. 그런 점에서 보면 2022년에 내가 자치행정비서관이 된 것은 큰 행운이었습니다. 대통령의 구상과 나의 소견이 일치했기 때문입니다.

'지방시대'라는 윤석열 정부의 브랜드가 탄생하게 된 배경은 다음과 같습니다. 간단히 요약하자면, 인구 감소에 따른 지방 소멸 문제가 나라의 경쟁력은 물론 존립마저 위협할 정도로 심각한 상태라는 것입니다. 이에 수도권으로 모든 자본과 인적 자원, 인프라가 집중된 문제를 해소하기 위해 획기적인 지역균형발전을 이뤄야 한다는 데 있습니다.

지방제도와 법제의 영역은 다소 전문적이고 행정적인 용어가 많아서 독자에게 설명하기 참 어렵습니다. 제가 다뤘던 중요한 일을 추려 간단하게나마 소개할까 합니다.

대통령님은 원래 '연방제 국가 수준의 지방분권'을 생각하셨던 것 같습니다. 중앙의 권한을 획기적으로 지방에 이양해서 교육, 일자리, 경제 등의 정책을 지방이 주도하는 새로운 공화국을 바랐습니다. 하지만 개헌에는 많은 사회적 비용이 들기에 개헌에 필적할 만한 획기적인 조치를 연이어 실행했습니다. 대통령 직속기구로 '지방시대위원회' 조직을 두었고, 정례적으로 제2의 국무회의라는 '중앙지방협력회의'가 열리고 있습니다.

2023년 9월, 윤석열 정부의 지방화시대 비전 선포식

　　2022년 1월 청와대에서의 첫 회의를 시작으로 울산, 전주, 부산, 안동에서 정례회의를 하고 있습니다. 지방 분권과 발전을 더욱 과감하고 체계적으로 실행하기 위해 2023년 7월에는 '지방자치분권 및 지역균형발전에 관한 특별법' 시행하면서 5개년 계획을 통합적으로 수립할 수 있는 근거를 마련했습니다. 2023년 9월 14일에 '지방시대 선포식'을 한 것 또한 이러한 정부의 의지와 계획을 천명하기 위함이었습니다.

최근 지방에서 가장 뜨거운 이슈로 부각되고 있는 '4대 특구' 역시 이러한 조치의 일면입니다. 기회발전특구, 교육자유특구, 도심융합특구, 문화특구가 그것입니다. 기회발전특구의 경우 지방의 기업 유치에 관한 파격적인 조치를 담았습니다. 양도소득세 납부를 연기해 주고, 법인세·부동산 취득세·재산세 전액 감면 등의 파격적인 혜택을 담고 있습니다.

　교육자유특구의 경우 인구 감소를 막기 위해 지자체가 지역교육청과 기관과 협의해 자율적이고 주도적인 공교육 발전정책을 수립하면 중앙이 지원하겠다는 내용입니다. 그리고 도심융합특구는 '판교테크놀로지'와 같이 일자리와 주거, 여가를 모두 충족시킬 수 있는 도시를 지방이 직접 설계하면 중앙이 승인·지원하겠다는 내용입니다.

　지방분권화도 속도를 붙여 가고 있습니다. 제주특별자치도와 세종자치시에 이어 강원특별자치도 특별법, 전북특별자치도 특별법이 제정·시행되고 있습니다. 해묵은 규제를 푸는 작업도 진행되고 있습니다. 그린벨트 규제 개선, 국가혁신융복합단지 기준 정비와 같은 것이 그것입니다. 인구 감소 지역에 대한 '지원특별법'을 제정했고, 연간 11조 원의 지방소멸대응기금을 조성해서 지원하고, 고향사랑기부제도 역시 시행하고 있습니다.

　대통령실에서 근무한 1년 5개월의 기간, 대통령님은 지역 균형발전 및 지방 분권과 관련한 정책 과제를 가볍게 흘려버리신 적이 없습니다. 오히려 이를 현실화하기 위해 전 부처에서 어떻게 지원할 수 있을지를 강구하라며 더욱 적극적인 협력을 요청했습니다. '지방시대'와 관련한 정부의 계획에는 이렇듯 수많은 공무원들의 땀과 고뇌가 배어 있습니다.

　　　　　　　　　　　　　　대통령들의 남자

오후 2시엔 여민관에서 커피를

청와대(현 대통령실)의 하루는 보통 오전 6시에 시작됩니다. 물론 북한의 미사일 발사 등의 이슈가 생기면 새벽 아무 때나 대통령실에 나와서 대응하듯, 재난이 발생하면 나 역시 그때부터가 근무 시간입니다. 6시에 출근한 행정관들은 전날부터 당일 오전까지 발생한 소관 부처의 현안과 언론 보도 내용 등을 종합합니다. 국무회의에서 다룬 내용과 대통령님 지시 사항은 더 꼼꼼하게 챙깁니다.

내가 행정관이었을 때에는 오전 7시까지 행정안전부와 경찰, 소방, 지방행정 동향을 챙겨서 비서관님에게 보고했습니다. 1시간가량의 시간은 쏜살같이 사라지기에, 청와대에 출근하기 전 현안과 업무의 순서를 머릿속에 모두 그려 놓아야 합니다. 새벽 4시 반에 일어나 조깅을 하며 라디오를 통해 이슈를 체크하는 버릇은 청와대에 들어가면서 들인 버릇입니다.

집이 멀어서도 안 됩니다. 내가 정부종합청사와 청와대 지근 거리에 있는 홍제동에 전세를 얻어 이사한 이유입니다. 20분 남짓의 출근 시간에는 고도의 집중력이 필요합니다. 청와대에 도착하자마자 필요한 정보를 받을 수 있도록 밤새 발생한 현안을 순서대로 체크합니다.

오전 7시부터는 비서관과 수석비서관들의 회의 시간입니다. 7시 45분에는 대통령 비서실장이 주재하는 수석비서관 회의가 시작됩니다. 행정관과 비서관들에게는 이때 잠깐의 짬이 허용됩니다. 나는 주로 이때 산책을 하거나 커피를 마십니다. 밥을 거른 직원은 아침을 먹기도 합니다.

수석비서관 회의에서 다룬 내용은 각 부처의 담당자와 협의한 후 다시 수석비서관에게 보고합니다. 이 보고는 다시 대통령에게 보고됩니다. 물론 촌각을 다투는 내용이나 국무회의 또는 수석비서관 회의에서 제기된 내용을 재차 협의해서 방안을 보고합니다. 정부의 정책 방향과 국정과제 등은 일상적으로 점검합니다. 과제를 추진하는 데 있어 리스크와 국민 여론, 유관 단체들의 입장이 재차 검토됩니다.

청와대는 새벽이 바쁘고 각 부처는 청와대의 지시와 요구를

대통령들의 남자

전달받은 오후부터 바빠집니다. 현안과 점검 사항에 대해 정밀한 보고서를 작성해서 청와대에 보고하는 것 역시 부처 담당자의 몫입니다. 퇴근 시간은 딱히 정해진 것은 없습니다. 대통령님이 참석하는 행사가 있으면 밤 10시까지 지시와 보고가 이어집니다. 이 모든 업무가 이뤄지는 곳이 청와대 여민관입니다. 물론 지금은 용산 대통령실로 바뀌었습니다.

여민관(與民館)은 『맹자』의 한 구절인 '여민동락(與民同樂)'에서 따온 이름입니다. 백성과 즐거움을 함께한다는 뜻입니다. 이명

김대기 대통령 비서실장님과 함께

박 대통령님 시절에 위민관(爲民館)으로 바뀌었다가 문재인 대통령님 시절에 다시 여민관으로 복귀했습니다. 여민관은 대통령님 집무실이 있는 본관에서 500m 정도 떨어져 있었습니다. 그래서 급한 현안이 생기면 비서관들은 차를 이용하기보다 뛰어서 갔습니다.

이 물리적 거리로 인한 보고 · 지시 시간을 줄이기 위해 노무현 대통령님 시절 여민1관을 신축했고, 이후 이명박, 문재인 대통령님은 주로 이곳에서 업무를 보았습니다. 물론 현재 용산으로 대통령실을 이전한 이후에는 계단을 걸어 내려가면 바로

대통령님은 비서실 직원들과 자연스럽게 소통하셨다.

대통령들의 남자

대통령님을 뵐 수 있고, 대통령님 역시 호출 없이 바로 내려와 현안을 파악할 수 있는 구조가 되었습니다.

　이명박 대통령님을 보좌할 때에는 행정관 위치였기에 대통령님을 직접 만나 볼 기회가 많지 않았습니다. 박근혜 대통령님은 서면 보고를 선호하셨고 궁금한 점이 있으면 전화로 현안을 파악했습니다. 윤석열 대통령님은 참모진과 스킨십이 많은 편입니다. 업무가 끝나면 함께 식사할 기회가 많았고, 또 격려도 아끼지 않는 스타일입니다.

　29년 6개월간의 공직 생활을 매듭짓고 용산을 떠나는 날, 대통령님은 나를 따로 불러 '광야에 홀로 선 자'의 태도에 대해 말씀하시며 용기와 낙관을 주셨습니다.

우리 잠깐 쉬어 가요

이번엔 냉정하게 생각해서 체크해 보세요.
서승우의 주장에 공감하시나요?

> ※ 지방정부 일은 시장과 도지사가 하지만, 결국 큰 성
> 과는 국회의원이 만든다는 말에 동의하시나요?
>
> — 「국회의원이 되어야 철도를 까는구나」 편에서

　□ ‘아니다’ 국회의원과 상관없이 단체장도 현안 해결할
　　수 있다.
　□ ‘맞다’ 지역 현안은 여당 국회의원이 나서야 해결된다.

> ※ 대통령실 근무 이력이 이후 지역에 도움이 될까요?
>
> — 「대통령과의 동행」 편에서

　□ ‘아니다’ 근무는 근무일 뿐, 퇴직하고 나오면 도움이
　　되지 않는다.
　□ ‘맞다’ 도움이 크게 된다.

4부

광야에서 바라본 곳

퇴직

그리고

야인

대통령들의 남자

2008년 이명박 대통령 당선자 인수위원회에 합류한 후 청와대 행정자치비서관실 행정관으로 발탁되었습니다. 그리고 2015년 박근혜 정부의 행정자치비서관실 선임행정관으로 다시 발탁된 데 이어 2022년 윤석열 대통령 정무수석실 자치행정비서관으로 발탁되었습니다.

대통령실에 3번이나 불려 가자 주위에선 나를 '대통령들의 남자'라고 합니다. 나를 '청와대 늘공'[1]이라고 부르는 이유이기도 합니다. 예전 언론에선 대통령의 최측근을 '황태자'라 부르기도 했고, '왕의 남자'라고 부르기도 했습니다. 막후의 권력자라는

---

1 '늘공'은 공채로 공무원이 된 직업공무원, 즉 '늘상 공무원'을 뜻하고 '어공'은 주로 선거 캠프에서 일하다 선출직 공직자에 의해 채용된 공무원, '어쩌다 공무원'을 뜻하는 공직사회의 은어.

박근혜 대통령 청와대 선임행정관 시절

윤석열 대통령실 정무수석 비서관실 동료들

뜻인데, 사실 나와는 관련 없는 말입니다.

　나는 '대통령들의 남자'라는 말이 더 좋습니다. 세 번이나 대통령의 부름을 받았다는 것은 친소 관계로 발탁되지 않았다는 의미입니다. 해당 직무에 있어 대한민국 최고의 공무원이라는 뜻이기도 합니다. 그리고 적어도 두 번의 청와대 근무가 좋은 평가를 받았다는 것을 뜻하기도 합니다.

　대통령 비서실은 대한민국의 모든 분야를 총괄하며 조정하는 기능을 수행합니다. 비서실에서 관여하지 않는 정보도 없고 관여하지 못하는 정보 또한 없습니다. 국가 안위와 관련된 것이든, 여론이 주목하고 있는 사건이든, 대한민국에서 일어나는 모든 중요한 정보와 사안이 집중되는 곳입니다.

　가령 내가 속해 있던 정무수석실[2]의 경우 행정부와 입법부 간의 소통을 담당하고 안전, 경찰, 소방, 지방행정 등을 관장합니다. 특히 행정안전부의 경우 직원 수만 3천 8백 명이 넘는 정부 부처 중 가장 큰 조직입니다.

2　정무수석비서관을 위시해서 정무1비서관, 정무2비서관, 자치행정비서관으로 편제되어 있다.

대통령비서실은 오케스트라에 비유하면 지휘자입니다. 방대한 정부 조직 중 어느 부서에 연락해야 할지를 알아야 하고, 부처 간 협업이 필요한 경우 책임과 권한, 예산 문제까지 조정합니다. 따라서 국가기관의 작동 방식을 정확히 알고 있어야 하며, 적소에 개입할 수 있는 기민한 판단력이 필요합니다. 아무나 발탁되지도 않지만, 발탁되었다고 해서 누구나 일을 잘할 수 있는 곳도 아닙니다. 따라서 대통령 비서실 근무자는 해당 부처의 에이스이자 얼굴이라는 상징성이 있습니다.

　비서실 근무는 살인적인 업무 강도로도 유명합니다. 대통령의 의지를 실현하기 위한 국정 과제뿐 아니라 매일 발생하는 이슈에도 대응해야 합니다. 따라서 대통령 비서실이 한가한 날은 없다고 봐도 무방합니다. 주말을 반납한 채 24시간 긴장하며 일해야 하는 어려움이 있지만, 어려운 일이기에 높은 자부심과 사명감을 갖게 됩니다. 그래서 성장을 원하는 공무원은 비서실 근무를 꿈꿉니다.

　사람들이 나에게 묻습니다. 어떻게 정권이 세 번이나 바뀔 때마다 대통령 비서실의 부름을 받을 수 있었는지. 사실 나도 잘 모릅니다. 그건 나의 의지가 아니라 상사들의 선택이었으니까요. 다만 나를 선택했던 상사들과 뒤에서 밀어 주었던 직원들의 평가로 어렴풋이 가늠할 뿐입니다.

내가 중앙부처와 대통령 비서실에서 일하면서 일관되게 지키고자 했던 것은 생활과 사람의 가치에 관한 것이었습니다. 돌아보면 공직 생활을 하면서 비교적 여유를 즐길 수 있었던 적은 해외에서의 근무였을 뿐, 대부분은 시간을 쪼개 가며 일했습니다. 10시간 근무는 물론이고 야근이 일상이었던 적도 많습니다.

이럴 때 발생하는 문제는 정작 자신에게 중요한 일에 투자하지 못한다는 것입니다. 세상의 일에는 중요한 일이 있고 시급한 일이 있습니다. 대다수 사람들이 그렇듯 시급한 일은 일의 특성으로 인해 서둘러 처리하는 경우가 많습니다. 어떻게든 처리가 된다는 말입니다. 하지만 장기적으로 매일 해야 할 중요한 것이 있습니다. 그것은 영어와 체력, 사람의 가치, 생각하는 방식 같은 것입니다. 이것들은 자신의 성장을 위해 매우 중요한 일이지만, 짧은 기간 성과를 보기 어려운 것들입니다.

공직 생활을 할수록 일은 많아졌고, 시간은 늘 부족했습니다. 조직의 생리가 그렇습니다. 일을 잘하는 직원에겐 보상으로 휴식이 차려지는 것이 아니라 더 많고 중요한 일이 주어집니

대통령들의 남자

다. 나는 생활을 단순하게 조직했습니다.

새벽 4시 30분에 일어나 조깅을 하며 YTN 뉴스를 들었습니다. 내가 낼 수 있는 유일한 시간이 새벽이었기 때문입니다. 언어감각을 잃지 않기 위해 매일 영어 연습을 했습니다. 운동을 하며 높은 강도의 업무를 일관되게 추진할 수 있는 체력을 얻었고, 어학은 세월이 쌓이며 그 진가를 발휘했습니다.

새벽 뉴스를 통해 새로운 이슈와 민심의 향방을 가늠하며 청와대에 도착하자마자 해야 할 일을 체크했습니다. 중요한 일을 먼저 하라는 격언을 사람들은 일의 우선순위로 생각하곤 합니다. 하지만 정말로 중요한 일은 세월을 견뎌 매일 축적해야 하는 일인지도 모릅니다.

운동과 영어도 그렇지만, 사람과 관계를 쌓고 신뢰를 얻기엔 많은 시간이 필요합니다. 제 핸드폰에는 1만여 명이 넘는 전화번호가 저장되어 있습니다. 행안부, 기재부, 법제처, 경찰청 등의 중앙부처 공무원과 충청북도에서 근무하며 얻게 된 소중한 인연들입니다. 실낱같은 인연을 동아줄 같은 관계로 발전시키는 비법은 단기적 이익을 따지는 처세(處世)에 있지 않습니다. 내 앞의 사람에게 집중하고, 사람을 지위고하로 판단하지 않으며, 한 번 맺은 인연에 정성을 다하는 수밖엔.

일도 결국 사람이 하는 것이기에, 이렇게 맺은 인연은 내가 자리를 옮길 때마다 큰 도움을 주었습니다. 많은 사람들이 사물현상을 보는 관점(觀點)이 중요하다고 말을 합니다. 그런데 관점만큼이나 중요한 것은 시야(視野)라고 생각합니다. 얼마나 먼 곳을 볼 수 있느냐에 따라 삶의 목적이 달라지기 때문입니다.

나는『중용(中庸)』23장을 좋아해서 자주 생각합니다.

其次致曲 曲能有誠 誠則形 形則著 著則明 明則動 動則變 變則化 唯天下至誠 爲能化
작은 일도 무시하지 않고 최선을 다해야 한다.
작은 일에도 최선을 다하면 정성스럽게 된다.
정성스럽게 되면 겉에 배어 나오고 배어 나오면
이내 밝아지고 밝아지면 남을 감동시키고
남을 감동시키면 이내 변하게 되고 변하면 생육한다.
그러니 오직 세상에서 지극히 정성을 다하는 사람만이
나와 세상을 바꾸는 것이다.

인생을 비선형 그래프에 비유하는 사람도 있습니다. 인생역전(人生逆戰), 급전직하(急轉直下)라는 말처럼 사람 인생이 어떤 지점에서 급격한 상승과 추락한다는 뜻입니다. 물론 그런 사람도 있을 것입니다. 하지만 내게 인생은 긴 오르막 계단과 같은 것이었습니다. 늘 일정 기간 축적되어야 한 계단 더 올라설 수 있었습니다. 다음 계단은 전의 계단을 잘 딛고 걸어온 사람에게만 주어집니다. 그래서 나는 빠른 성장이 아닌 후퇴 없는 성장을 믿습니다.

봉급 받을 자격에 대하여

최근에는 5급 공무원이 될 수 있는 방법이 다양해지고 있지만, 내가 사무관 생활을 할 때만 해도 직급 제도가 상당히 엄격했습니다. 7급이나 9급 공무원으로 시작할 경우 승진에 상당한 시간이 소요되고, 특히 5급 사무관이 되어 역량을 펼치기까지 관문이 너무 높았던 것도 사실입니다. 흔히 고등고시를 '현대판 과거제도'라고 표현하기도 합니다.

과거제도는 중국 수나라 시절 처음 도입되어 당나라를 거쳐 확대되고 고도화되었습니다. 당시 과거에 적용했던 원칙을 '삼공(三公)'이라고 했는데, '공개고사(公開考試)', '공평경쟁(公平競爭)', '공정녹취(公正錄取)'입니다. 풀자면 시험은 널리 알려 공개적으로 실시하고 공평하게 경쟁하고 그 결과에 따라 녹취(급여)의 지급 또한 공정해야 한다는 뜻입니다. 실제로 과거 시행 과정에서 부정을 행하는 관료는 무조건 사형했다는 기록이 있습

대통령들의 남자

니다.

서양에 앞서 동아시아는 일찍이 강력한 국가 체계를 구축했습니다. 이런 동양에서 시험을 통해 관료를 선발하는 제도를 앞서 도입했는데, 여기엔 이유가 있었습니다. 왕이나 군주가 전권을 쥐고 통치하는 시스템에는 치명적인 약점 하나가 있었습니다. 왕이 성군일 경우엔 태평성대를 구가했지만, 폭군일 경우 이를 저지하기 어려웠다는 것입니다. 유일한 저항 수단은 '반정(反正)'이었죠. 왕족과 권문세족이 인사권을 전횡하여 스스로 몰락한 왕조가 꽤 많습니다.

군웅이 할거하던 작은 나라가 큰 나라로 통합되면서 인구와 생산량은 많아졌고, 이 방대한 자원을 소수의 재능으로는 관리하고 분배할 수 없었습니다. 전문화된 관료가 필요해진 것입니다. 그래서 고안된 것이 과거제도입니다. 통치권자와 세족의 개입을 배제하고 오직 공정 경쟁을 통해 인재를 선발하고 나라 경영 시스템을 구축하겠다는 의도입니다.

조선의 개국공신이었던 정도전의 구상 또한 이와 크게 다르지 않았습니다. 그는 국가를 경영하는 주체는 신하(사대부)여야 하고, 단지 임금의 역할은 어진 신하를 찾아 조언을 듣는 것이라고 보았습니다.

 공무원을 통치권자의 집행자로만 보지 않고 규범화된 시스템으로 나라를 경영하는 근간이 되어야 한다고 주장한 사람은 독일의 정치 경제학자 막스 베버(Max Weber, 1864~1920)였습니다. 그는 현대 국가에 가장 이상적인 시스템은 위계적 구조에 명확한 권한과 규칙과 규정에 의해 선발되어 훈련되는 전문직 공무원이 나라의 근간을 이루는 것이라고 보았습니다. 그리고 공무원의 집행 권한은 국민이 동의한 헌법 아래에서의 위임 시에만 유효하다고 보았지요.

 오늘날 공무원의 역할은 과거와는 비할 바 없이 커지고 있습니다. 미래를 통찰하는 공무원의 혜안과 혁신적 판단에 따라 국가 경쟁력이 좌우되기도 합니다. 우리나라 공무원의 자질은 이제 선진국과 견주어도 밀리지 않을 정도로 우월합니다.
 국가공무원에게 국가 경영의 막대한 권한을 주고 책임을 지우는 대표적인 나라가 싱가포르입니다. 세계에서 공무원의 능력(직무 경쟁력)으로 따지면 최강이라고 하지요. 특히 2000년도에 금융과 통상 환경이 급변할 때 세상에서 가장 먼저 움직였던

유일한 그룹이 싱가포르 공무원이라는 말도 있을 정도입니다.[1]

과거에는 위에서 내려오는 명령을 조직적으로 일사불란(一絲不亂)하게 처리하는 공무원이 능력 있다고 대접받았습니다. 하지만 지금은 미래를 내다보고, 혁신을 주도하며 국민의 요구를 섬세하게 법제화하는 공무원을 훌륭하다고 합니다. 민심이 실현되는 경로는 결국 제도(법제화)일 수밖에 없기 때문입니다. 눈에 잘 드러나지는 않지만, 사람들의 사회적 염원이 실현되는 과정은 결국 '공무(公務)'에 있습니다. 그래서 과거엔 능력 있는 공무원을 뽑기 위해 모든 방법을 간구했습니다.

그런데 사람의 능력은 고정된 것이 아닙니다. 기존의 지식과 정보로는 급변하는 현실에 조응할 수 없습니다. 이제 중요한 것은 과거의 실력이 아니라 현재의 혁신과 노력입니다. 즉, 공부하고 현장에서 실현하지 않는 공무원은 도태됩니다.

공직자에게 매월 안정적인 월급을 주는 이유는 넓게 보아 '국민에 대한 봉사자로서의 의무를 성실히 수행'하라는 것이지만,

1   "Going Swimmingly", 『The Economist』. 2011년 4월 23일자.

좁혀서 보자면 늘 자신에게 투자해서 미래를 예측하기 어려운 격변의 시대, 국민의 삶을 지키기 위한 경쟁력을 확보하라는 뜻이기도 합니다. 이런 관점에서 보면 공무원의 월급이라는 것이 참으로 무겁습니다. 누구보다 열심히 일해도 같은 월급이 나오고, 딴짓하며 복지부동해도 똑같은 월급을 받기 때문입니다.

국가 공무원의 역할을 나라의 근본이라고까지 여겼던 막스 베버도 이를 경고했습니다. 공무원에게 윤리적 책임감과 공익적 사명감이 없을 때, "그들은 책상에 묶여 자신이 봉사해야 하는 사람들의 절박한 요구와 멀어질 수밖에 없다."고 예고했습니다. 관료주의의 탄생을 우려한 것이지요.

막스 베버가 죽고 10년 후인 1939년, 독일의 나치가 폴란드를 침공했고, 나치의 명령을 충실하게 수행했던 공무원들은 유대인을 조직적으로 체포하고 행정명령에 따라 수용한 후 학살했습니다. 국가의 요구를 충실하게 집행한 공무원은 더 효율적인 학살 방법을 연구했고, 선도적으로 실험했습니다.

한나 아렌트는 이 문제를 다루면서 국가의 명령을 접수한 공무원들이 깨어 있지 않았을 때 빚어질 수 있는 참사에 대한 책 『네덜란드의 아이히만』을 썼습니다. 책의 테마는 바로 '악의 평범성'입니다. 선량한(?) 공무원이 스스로 생각하지 않을 때, 스스로 깨어 있지 않아 양심을 잃었을 때 공무원의 선한 충실성은 악(惡)으로 귀결될 수 있다는 말입니다.

매월 받는 월급 앞에서 부끄럽지 않기 위해선 늘 깨어 있어야 합니다. 자신이 국민을 현실적으로 돕고 있는지를 돌아봐야 합니다. 그러라고 국민이 세금에서 월급을 주기 때문입니다.

청주가 아닌 사람을 봐야

　　다음 그래프에서 확인할 수 있듯 충청북도의 지역내총생산액
은 해마다 늘었습니다. 하지만 아직도 전국 대비 3.6%의 점유
율만 차지하고 있습니다.

【충청북도의 지역내총생산액】

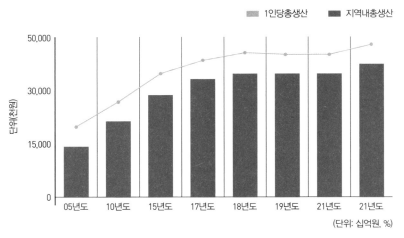

(단위: 십억원, %)

(출처: 충북도청 홈페이지 - 충북의 주요현황 - 지역경제)

　　　　　　　　　　　대통령들의 남자

그런데, 1인당 지역총생산량이 흥미롭습니다. 2005년도 충북의 1인당 지역총생산량은 1,858만 원으로 전국 평균 수치인 1,911만 원에도 미치지 못했습니다. 하지만 2021년 기준 충북의 1인당 총생산량은 4,612만 원(충북도 통계 4,585만 원)으로 전국 평균인 4,027만 원을 상회하고 있습니다. 울산, 서울, 충남, 전남에 이어 5위입니다.

　지역총생산이 기업의 해외 무역 활동 등을 포함한 전체 생산량이라면, 1인당 지역총생산량은 지역내총생산량을 인구수로 나눈 값입니다. 평균 지역총생산(GRDP)보다 1인당 총생산량이 높을수록 빈부 격차가 비교적 적고 지방의 재정자립도가 높다는 것을 의미합니다. 무역수지 역시 가파른 상승세를 기록하고 있는 것을 확인할 수 있습니다.

【1인당 지역총생산】

시도별	2019	2020	2021
전국	37,274	37,515	40,271
서울특별시	45,118	46,221	49,680
부산광역시	27,577	27,204	29,395
대구광역시	23,883	23,910	25,543

인천광역시	30,584	30,367	33,551
광주광역시	27,799	28,433	29,779
대전광역시	28,561	29,757	31,590
울산광역시	65,112	60,895	69,392
세종특별자치시	35,802	36,473	38,157
경기도	36,064	36,521	38,879
강원도	32,192	32,026	33,679
충청북도	42,704	42,667	46,123
충청남도	51,874	53,078	57,622
전라북도	28,835	29,252	31,187
전라남도	43,402	43,957	49,572
경상북도	40,082	39,887	42,896
경상남도	34,040	33,186	34,046
제주특별자치도	30,792	29,334	29,988

(출처: 통계청. KOSIS. 2023)

대통령들의 남자

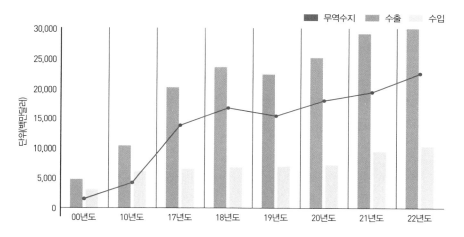
【충청북도 수출입액 변화】

물론 이것은 어디까지나 '생산량 지표'일 따름입니다. 실제로 충북의 1인당 지역내총생산(GRDP)은 전국 5위인 반면, 1인당 민간소비는 전국 최하위라고 합니다.[1] 지역 외 유출이 다른 지역보다 심하고, 무엇보다 소비를 위한 인프라 부족으로 인해 충북도를 넘어 타 지역에서 소비가 창출되고 있다는 것을 의미합니다.

1 "1인당 GRDP 높지만 소비력 낮은 충북, 원인은?". 디트NEWS24. 2023년 9월 1일자.

충북경제권에서 청주는 단연 독보적인 성장을 지속하고 있습니다.[2] 청주시는 인구 80만 명 이상 도시와 인접 도시와 비교한 결과 2019년 GRDP가 34조 9,657억 원으로 인구 100만 특례시인 용인이나 고양시보다 높았고, 1인당 GRDP 역시 최상위권이었습니다.[3] 성장률은 2015년에 비해 30%에 육박할 정도로 매서웠습니다. 주목할 점은 청년고용률이 46.4%로 10개 도시 중 가장 높았고, 고용률은 61.7%로 4위였습니다(2021 하반기 기준).

이원종 도지사가 청주와 충북 경제의 기반을 닦았고, 이시종 도지사는 고지를 점령하듯 주요 사업을 유치했다는 것에 대해 지역민들은 대부분 동의하는 것 같습니다. 청주의 산업 구성이 다목적 방사광가속기 클러스터, 이차전지 특화산업단지, 바이오 · 반도체와 같은 미래형 먹거리 산업으로 편제되었다는 점도 중요합니다.

2   "지역내총생산GRDP 청주시 연속 1위 … 진천 보은 상승세". 충청투데이. 2019년 9월 30일자.
3   "청주시, 1인당 GRDP 4137만 원 … 비교도시 중 가장 높아". 국제뉴스. 2022년 5월 3일자.

도시 산업의 경쟁력으로 보자면 청주의 미래는 밝은 편입니다. 산업단지를 중심으로 일자리와 지역 생산량이 늘어 간다는 것은 더 많은 재원을 시민에게 돌려줄 수 있다는 것을 의미합니다. 도로가 넓어지고, 공원이 많아지고 대청호 수변 관광지도 더 좋아질 것입니다. 가로등의 설치구간은 외곽으로 더 확장될 것이며 다양한 먹자골목도 더 촘촘히 자리 잡을 것이 분명합니다.

하지만 이로 인해 나의 삶의 질과 행복지수가 높아지는가를 따져 묻는다면 쉽게 답하기 어렵습니다. 삶의 어려움은 늘 이런 외형적인 성장의 그늘에서 발생합니다.

'아이 둘을 낳아도 온전하게 경제생활을 영위할 수 있을까?', '열심히 일하면 작지만 안정적인 내 집을 마련할 수 있을까?', '아이를 이 지역에서 공부시켜도 좋은 일자리를 얻을 수 있을까?', '아버지가 큰 병에 걸려도 의료비로 인해 파산하지 않을 수 있을까?'와 같은 질문에 답을 해야 합니다.

이렇듯 지역총생산량과 일자리와 같은 숫자가 주민의 삶을 설명해 주진 못합니다. 지자체는 아이들 교복 값을 지원할 수 있고, 교통 소외 지역의 어르신을 위해 '백원 택시'와 같은 참신

한 정책을 시행할 수 있습니다. 하지만 큰 변화는 역시 국회에서 이루어집니다. 해묵은 난제인 청주국제공항의 활주로 증설 문제, 대청호 수변지역 규제 문제, 청남대 규제 문제만 봐도 그렇습니다. 오랜 세월 도지사와 시장이 정부에 간곡히 청원했지만, 논의만 이어졌을 뿐 결실을 맺지 못했습니다.

큰 사업은 주로 대통령과 국토부가 움직여야 답을 얻을 수 있습니다. 시장과 도지사, 국회의원의 합심이 더 거대한 변화를 만들 수 있는 이유입니다. 하물며 저출생, 지역 소멸, 교육 서열화, 부동산과 같은 거시적인 정책은 더 말해서 무엇 하겠습니까.

대통령들의 남자

SK하이닉스 유치전과 정주여건

2019년 2월, SK하이닉스가 결국 '용인 반도체 클러스터'로 간다는 언론 보도가 나왔습니다. 이날 용인시청에선 환호성이 터졌고, 청주·군산·구미·평택 등의 '유치추진단'에선 나지막한 탄식이 흘러나왔습니다. 122조 원이 투자되는 역대급 사업입니다. SK를 비롯한 해외 유수의 50여 개의 소재·부품·장비가 용인에서 가장 낙후했던 처인구로 가기로 결정되었습니다. 이 사업의 생산유발 효과는 513조 원, 고용 인원은 1만 8천 명, 가족까지 고려하면 7만 명이 입주하는 신도시가 탄생한다고 합니다.

2020년 정부의 재난기본소득 지급 과정에서 이천시가 화제가 된 바 있었습니다. 정부 지급금 10만 원에 다시 이천시가 15만 원을 보태 25만 원을 지급한 것입니다. 이천시가 그렇게 부자였냐며 사람들은 의아해했는데, 사실 당시 이천시가 거둬들이는 전체 법인지방소득세의 89%를 SK하이닉스가 내고 있었습니다. 높은 부가가치를 지닌 첨단산업이 지역 경제에 미치는 영향력을 보여 주는 사례입니다.

SK하이닉스를 구미로 유치하기 위해 경상북도는 지역 국회의원·단체장·시민단체가 모두 결집하는 대대적인 집회를 여는 한편, 시민들이 차량에 스티커를 붙이고 다닐 정도로 열성이었습니다.

이천은 '비상대책위'를 만들어 지역구 국회의원이 최태원 회장을 만나 담판을 짓기 위해 노력했고, 충청북도는 청주 공장을 증설하자는 요구를 하며 정무부지사를 SK로 보내고 당시 노영민 비서실장을 설득하는 등 노력했습니다. 이천과 청주는 기존의 공장 증설을 생각했지만, SK하이닉스는 소부장(소재·부품·장비) 클러스트 단지가 주는 시너지 효과를 고려했습니다.

SK하이닉스의 용인 유치는 몇 가지 점에서 흥미롭습니다. 당시 용인은 '수도권정비계획법'에 따라 '산업단지 조성 면적'을 초과한 상태였기에 자격 미달이었습니다. 유치 경쟁이 과열되자 당시 용인시장(백군기)은 왜 다른 도시처럼 필사적으로 뛰지 않느냐는 지역 내 비판으로 상당히 곤혹스러웠다고 합니다.

그럼에도 SK하이닉스는 용인을 선택했습니다. 공장 부지가 용인으로 가닥을 잡아 갈 즈음 국토교통부는 수도권 과포화와 국토균형발전 논리를 앞세우며 수도권 유치를 반대하고 나섰습니다. 그러자 SK하이닉스 최태원 회장은 용인이 아니면 어디에도 가지 않겠다며 배수의 진까지 칩니다.

　SK하이닉스가 국토부를 설득한 논리는 바로 '고급인력 유치'였습니다. 고급 두뇌를 얻기 위해 삼성반도체는 물론 대만의 TSMC, 중국 화이자가 파격적인 조건을 걸고 경쟁하는 마당에 지방 공장은 불리하다는 것이었습니다. 훗날 용인시장은 이 유치전을 두고 이렇게 밝혔습니다.

　"SK하이닉스가 수도권 북부 또는 아래로는 가지 못할 것이라 확신했고, 당시 경기도 이천만이 경쟁 상대였다. 나는 수도권 대 지방이라는 대립 구도를 피하기 위해 조용히 물밑에서 SK 측의 제안을 수렴하는 등 '전략적 인내'를 선택했다."

　내가 행안부 자치제도정책관으로 있던 시절이었습니다. 이는 '정주여건'이 고부가가치 산업을 유치하는 데 얼마나 결정적인지를 보여 주는 사례입니다. 정주여건은 학교와 병원, 대형마트, 문화설비 등 높은 수준의 삶의 질을 의미합니다.

정주여건의 중요성은 미국 최고 두뇌의 집결지라는 실리콘밸리와 RTP의 엇갈리는 명암에서도 확인할 수 있습니다. 실리콘밸리는 잘 아실 테니 생략하고, RTP에 대해 간략히 설명하겠습니다. 미국 노스캐롤라이나주와 롤리, 더럼, 채펄힐 이렇게 3개 도시가 협력해서 미국 최고의 두뇌들이 모연 기업의 연구 단지를 구축한 것이 바로 'RTP(Research Triangle Park)'입니다.

트라이앵글이라고 명한 이유는 노스캐롤라이나주립대학, 더럼시의 듀크대학, 채펄힐시의 노스캐롤라이나대학의 세 대학을 삼각형으로 연결했기 때문입니다. 현재 미 국립환경위생연구소와 리서치 트라이앵글연구소과 같은 관민연구소, IBM과 제너럴일렉트릭의 연구시설, Cisco, GSK 등의 기술, 생명 공학 및, 바이오 제약회사가 입주해 있습니다.

흔히 미국 미래 산업의 산실을 실리콘밸리로 알고 있지만, RTP는 소재, 바이오, 장치산업과 같은 미국 최고의 부가가치를 생산하는 지역입니다. 흥미로운 점은 이 트라이앵글에 대한 사업 구상이 1958년 당시의 포지스 주지사로부터 시작되었다는 것입니다. 그는 노스캐롤라이나의 인재가 유출되는 것을 막고, 지역을 미래 산업을 주도하는 도시로 바꾸려 했습니다. 그리고 결과는 대성공이었습니다.

대통령들의 남자

그런데 실리콘밸리는 '자유정신의 계승'이라는 지역 정치인들의 정책으로 현재 마약 범죄와 노숙자 문제가 심각한 수준입니다. 좀비 도시라는 오명을 쓰고 있지요. 미국 최대의 부를 자랑하던 이 지역의 기업과 인구가 빠르게 탈주하며 도시가 공동화되고 있습니다. 그런데 RPT는 여전히 건재합니다. 이는 정치인의 잘못된 판단으로 정주여건이 망가지면, 황금알을 낳는 거위의 배를 가르기도 한다는 반면교사이기도 합니다.

전국 지자체들이 제2의 '판교테크노밸리'를 만들겠다고 나서는 이유가 있습니다. 세계의 각 도시는 이제 다양한 산업 기반을 확보하려 노력합니다. 가령 경남 거제도의 경우 '조선의 도시'라 할 만한데, 도시 내 산업구조가 조선 산업으로 편중되면, 조선 경기가 불황일 때 썰물처럼 인구가 빠져나가기 마련입니다. 그래서 이제 도시들은 4차 산업혁명을 대표하는 반도체와 전지, 바이오와 같은 미래 산업에 눈독을 들입니다.

앞서 설명했듯, 충북의 1인당 지역내총생산(GRDP)은 전국 5위인 반면, 1인당 민간소비는 전국 최하위라고 합니다. 지역 외 유출이 다른 지역보다 심하고, 무엇보다 소비를 위한 인프라 부족으로 인해 충북도를 넘어 타 지역에서 소비가 창출되고 있다는 것을 의미합니다. 다시 말하자면, 소비 인프라와 같은 정주여건이 갖추어지지 않고선 지역내총생산이 높을 순 있어도, 지속 가능하지는 않다는 말입니다.

이는 GDP와 삶의 질과의 관계에서도 고찰할 수 있습니다. 나라의 GDP가 높다고 국민이 행복한 것은 아닙니다. 생산력의 창출만큼 중요한 것은 안정된 일자리, 아이를 낳아도 잘 살 수 있다는 근거, 온전한 여가와 같은 구체적인 삶의 질입니다. 청주가 지금까지 지역내총생산의 증가, 일자리 확대 등의 괄목할 만한 성장을 이루었다면, 이제는 삶의 질을 반영하는 정주여건에 대한 세심한 기획이 필요한 시점입니다.

소멸의 땅에서 삶의 노래를

— 인구 소멸, 지방 소멸에 대한 고찰 ①

볕이 좋았던 가을에 산자락의 개여울을 걸었습니다. 저 앞에서 백발의 두 노인이 손을 잡고 걸어오는 것이 보였습니다. 조심스럽게 걸음을 옮기던 그들은 냇물 속 무언가를 가리키며 웃었습니다. 다정한 모습에 이끌려 나도 그들 옆에 섰습니다. 송사리 떼였습니다.

별난 것 없는 광경에 사로잡힌 그들이 나누는 대화가 들려왔습니다. 정다운 부부라고 생각했던 그들은 사실은 모자(母子) 관계였습니다. 70대 아들이 90살이 넘은 노모를 모시고 단풍 구경을 나온 것이었습니다. 당뇨 약을 집에 두고 왔다는 어머니에게 아들은 자신이 챙겨 온 약을 반으로 쪼개서 먹자고 합니다.

"70대 아들이 90대 노모를 업고 다닐 날이 멀지 않았다."

30년 전에 한 작가는 이 같은 내용의 칼럼을 쓴 적이 있습니다. 이제 이것은 현실이 되었습니다. 70대 노인이 90대 부모를 모시고 와서 내과 진료를 받고, 112로 전화해서 치매에 걸린 어머니를 찾아 달라고 호소하는 60대 딸의 이야기가 더 이상 낯설지 않습니다.

　　고령 인구가 많아진다는 것은 기대수명이 늘어나는 과정에서 자연스러운 현상입니다. 정작 문제는 아이가 태어나지 않고 있다는 것입니다. '인구 소멸이 대한민국 붕괴를 가져올 것'이라는 주장은 괴담이 아니라 코앞에 닥친 현실입니다.

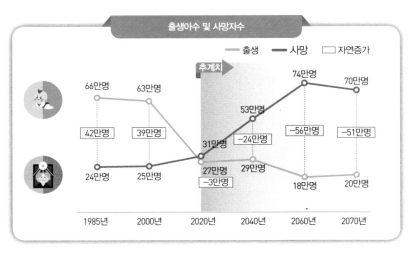

(출처: 통계청, 「장례인구추계」, 2022)

　　　　　　　　　　　　　　　　대통령들의 남자

우리나라 합계출산율은 2022년 기준 0.78명인데, 통상 2.1명 이하로 내려가면 인구 감소가 필연적입니다. 여성 한 명이 평생 낳을 수 있는 자녀의 수를 합계출산율이라고 하는데, 여성 한 명 당 2명의 아이를 낳았을 때 해당 국가의 인구가 유지된다고 보는 것입니다. '0.78'이라는 수치는 세계의 인구 전문가들을 경악하게 만들었습니다. "한국은 인류 역사상 스스로 소멸하는 첫 번째 국가가 될 것"이라는 경고가 나오는 이유입니다.

물론 일본과 유럽의 국가들도 인구 소멸 문제로 긴장하고 있습니다. 2022년 기준으로 이탈리아 1.24명, 일본 1.26명이니 이들 나라 역시 발등에 불이 떨어졌습니다. 하지만 0.78명이라는 숫자는 인구학자 중 그 누구도 보지 못한 수치입니다.

더 중요한 것은 경향성입니다. 2018년 이래 매년 0.04의 수치로 하락했는데, 이 비율을 그대로 적용하면 20년 후인 2043년엔 신규 인구(출산율)가 0명이 됩니다. 총인구를 나열했을 때 가장 정중앙의 연령을 의미하는 '중위연령'은 현재 43.7세에서 2070년이 되면 62.2세가 됩니다. 경제의 허리가 붕괴되는 것입니다.

【생산연령인구(2000~2070년)와 중위연령 추계】

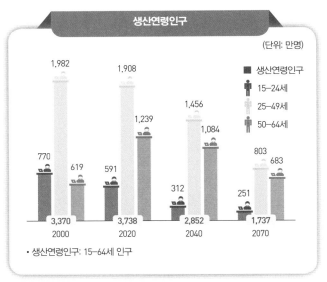

생산연령인구

(단위: 만명)

■ 생산연령인구
15─24세
25─49세
50─64세

	2000	2020	2040	2070
25─49세	1,982	1,908	1,456	803
50─64세	619	1,239	1,084	683
15─24세	770	591	312	251
생산연령인구	3,370	3,738	2,852	1,737

• 생산연령인구: 15─64세 인구

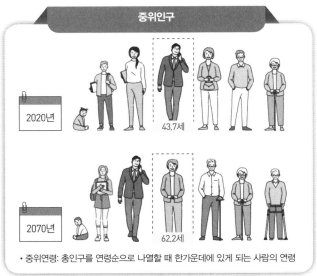

중위인구

2020년 43.7세

2070년 62.2세

• 중위연령: 총인구를 연령순으로 나열할 때 한가운데에 있게 되는 사람의 연령

(출처: 통계청, 「장례인구추계」. 2022)

【중위연령의 변화】

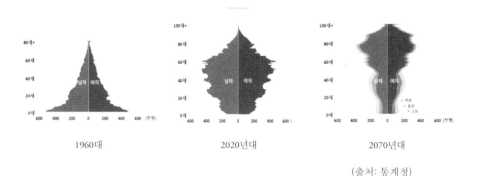

1960대   2020년대   2070년대

(출처: 통계청)

【입학생이 0명인 학교】

(출처: 국회 교육위 김병욱 의원실. EBS)

인구 소멸은 어느 나라에게도 쉽지 않은 난제입니다. 그래도 주요 선진국들은 비교적 낮다고 하는 'OECD 평균출산율' 1.58명을 유지하려 안간힘을 씁니다. 참고로 세계 평균 합계출산율은 2020년 기준 2.3명입니다. 한국은 1986년대에 이미 2.1명 이하로 떨어져 인구 소멸이 시작되고 있었음에도 당시 정부 정책은 "하나만 낳아 잘 키우자."였습니다. 한 자녀 정책은 1996년까지 이어졌습니다. 다산 가구는 일종의 사회적 민폐로 치부되었습니다. 그 이후에도 정부의 정책은 실효성이 없었습니다.

최근 한 인구학자는 지난 50년간의 정부의 인구정책 문서를 분석했습니다. 그는 많은 연구자들이 이미 1980년대부터 정부에 과감한 정책 변화를 요청했던 공문을 발견할 수 있었다고 합니다. 하지만 정부는 귀를 기울이지 않았습니다. 그는 한마디로 "한국의 역대 대통령들은 인구 문제에 대해 전혀 관심이 없었다."고 말합니다. 인구 문제는 외교 안보나 경제와 같이 임기 중에 성과를 낼 수 있는 것이 아니었기 때문입니다.

물론 저출산이 왜 문제냐고 반문하는 세계적 석학도 있습니다. 『총 균 쇠』의 저자 재레드 다이아몬드 교수와 세계적인 미국의 생물학자 에드워드 윌슨 하버드대 교수가 그렇습니다. 다이아몬드 교수는 다음과 같이 주장했습니다.

"한국과 일본의 경우 아주 운이 좋은 편에 속한다. 왜냐면 지구는 더 이상 인류를 부양할 수 있는 식량과 자원을 가지고 있지 않다. 빈곤과 식량 문제는 필연적으로 전쟁과 사회적 참사를 가져온다."

에드워드 윌슨은 인류의 지난 성장 패러다임을 이제는 바꿔서, 덜 생산하고 덜 쓰는 방식으로 바꿔야 공멸하지 않는다고 경고합니다. 문제는 한국이 점진적인 '인구 감소'가 아니라 급격한 '인구 소멸'로 추락하고 있다는 것입니다. 연착륙이 불가능한 구조입니다.

생산인구의 감소와 고령층의 증가는 필연적으로 사회적 빈곤과 복지의 악화를 가져옵니다. 노동력과 연구 인력을 확보하지 못하는 국가에 투자할 기업도 없을뿐더러 급격하게 축소된 내수시장으로 인해 국내 기업의 경쟁력은 더욱 추락할 것입니다. 소비시장의 붕괴는 생산량 감소로 이어지고 이는 급격한 물가 인상으로 이어집니다.

물류체인의 붕괴 역시 잇따를 것입니다. 차량용 요소수와 자동차에 들어가는 작은 부품마저도 인접국이 기침하면 우리가 독감에 걸리는 일이 반복될 것입니다. 지금까지 투자했던 사회 기반시설과 부동산은 지방을 중심으로 폐허처럼 방치될 가능성이 높습니다.

현재 50만 규모로 유지되고 있는 병력 역시 지금 추세대로라면 2040년엔 13만 명으로 줄어듭니다. 이미 10개 군단에서 4개의 군단이 해체되었습니다. 일부는 부사관 중심의 첨단 국군으로 가면 된다고 말하지만, 나라가 생산하는 부가가치가 반토막 난 상황에서 직업 군인을 우대하고 첨단 장비를 운영하기란 불가능합니다.

일자리와 인프라가 붕괴되고 있는 사회에서 젊은이들이 지금보다 더 많은 아이를 낳을 것으로 기대해선 안 됩니다. 인구 소멸 이후에 남는 것은 젊은 층의 해외 이주이며, 가난한 부모 집에서 은둔하며 중년을 보내는 '다 큰 아이들'뿐입니다.

대통령들의 남자

진정 국회의원이 고민해야 할 것

− 인구 소멸, 지방 소멸에 대한 고찰 ②

인구 소멸 문제를 해결한 나라가 지구상에 두 곳 있습니다. 바로 이스라엘과 북한입니다. 이스라엘은 징병제 국가인데, 입영 전날까지 아이를 출산하면 병역이 면제됩니다.

북한은 우리나라와 같이 1970년대에 다자녀 억제 정책을 시행했습니다. 하지만 1980년대 이후 인구 소멸 문제를 심각한 국가 위기로 인식하고 다자녀 가정에 주택을 우선 제공하고, 낙태를 엄금하는 한편 혼인연령을 남녀 25세 즈음으로 맞추려 했습니다. 1990년 들어서서는 더 강력한 조치를 시행합니다. 조선노동당은 당원 중 일정 기간이 지나도 2자녀를 출산하지 않는 부모의 '당권'을 박탈하는 조치를 시행했습니다. 그 결과 현재 합계출산율 1.9명의 수준으로 회복했다는 주장이 있습니다.

헝가리의 사례는 흥미롭습니다. 2011년 1.23명이었는데 2020년에는 1.56명으로 26% 증가해 역주행의 신화를 쓰고 있습니다. 물론 여기에는 정부의 혁명적 수준의 지원이 있었습니다. 결혼 시 '출산 서약'을 하면 1,000만 포린트(4천만 원)를 무이자 대출해 주고, 3명을 낳으면 탕감해 줍니다. 육아휴직 3년에 주거비와 보육시설, 보험료, 주택자금, 학자금 대출에 대한 보조금이 주어집니다. 프랑스 역시 각종 지원과 보조금으로 일시적으로 출산율을 회복했던 사례가 있습니다.

하지만 이러한 정책이 지속 가능하기 위해선 일자리와 생애주기를 안정적으로 보낼 수 있는 삶의 구조가 정착되어야 합니다. 가령 한국의 출산 가정에 1억 원의 무이자 주택담보대출과 5천만 원의 출산장려금을 제공한다면 상황이 나아질까요? 파격적인 복지 혜택이 출산율을 일정 부분 끌어올릴 수는 있지만, 복지와 출산은 인과관계가 아닙니다. 사람의 삶은 단순하지 않고, 가변적인 지원으로 충족시킬 수 없습니다.

한국 드라마 남자 주인공의 변천을 살피면 우리 사회가 앓고 있는 문제의 단면을 볼 수 있습니다. 1980년대 인기 있는 드라마의 주인공은 온갖 불행이 버무려진 극악한 환경에서 성장하며 끝내 성공하고 복수하는 자수성가형 사내였습니다. 정주영, 김우중의 신화가 젊은이들에게 '먹혔던' 시절이죠.

그런데 요즘 드라마의 남자 주인공은 어떻습니까? 죄다 실장님, 본부장님, 대표님입니다. 재벌 3세 이야기입니다. 왜 판타지를 다큐로 보려 하느냐고 힐난할 수도 있지만, 중요한 점은 이 판타지에서 '개룡남'이 사라졌다는 것입니다. 과거 고도성장기에 가능했던 것이 지금은 가능하지 않습니다. 이제 좋은 일자리를 구하고 집을 사려면 부모님 세대보다 10배 이상 노력해도 쉽지 않습니다.

세계 각국의 통계를 보면 좋은 일자리와 출산율의 상관관계는 다양한 지표로 입증되고 있지만, 유독 한국만은 하나의 처방으론 해결될 수 없는 만성질환과 같은 성격을 보이고 있습니다. 수도권 과밀화, 지방 소멸, 높은 교육열에 따른 자발적 실업, 무거운 결혼 문화와 업무 스트레스, 질 낮은 보육 환경과 극심한 학력 경쟁, 높은 주거비용 등 종합적으로 고찰해서 풀어 가야 할 문제가 많습니다.

그중에서도 특히 한국의 지방 소멸 문제는 주요 선진국들이 앓고 있는 보편적 현상을 넘어 지극히 한국적인 특징을 가지고 있다는 점에 주목해야 합니다. 수도권 과밀화가 지역 불균형을 넘어 기업의 생산성과 삶의 질을 망가뜨리고 있다는 것입니다.

국토의 0.6%만을 차지하는 서울공화국에 인구 20%인 914만 8천 명이 거주하고 있고, 수도권에 인구 절반인 2,600만 명이 거주합니다. 100대 기업의 업체 73%가 수도권에 집중되어 있고, 본사의 경우 86%가 집중되어 있습니다. IT기업 1,082곳이 분당 판교에 집중되어 있습니다. 신입사원 공채 공고 대다수가 수도권 업체에서 나옵니다.

지방의 경우 블루칼라와 저임금 노동을 특징으로 하는 제조업이 집중되어 있는데, 제조업의 경우 외국인노동자 수준으로 임금이 고정되어 있고, 전문직의 경우 일자리가 다양하지 않습니다. 청년들이 안정적으로 삶을 유지하기 위한 기회 자체가 적습니다.

지역마다 국립대가 있지만, 그 어떤 기업도 지방 국립대 학생들을 얻기 위해 지방에 둥지를 틀지 않습니다. 결국 일자리, 교육, 치료, 문화, 의료, 보육, 좋은 배우자를 만나기 위해선 수도권으로 갈 수밖에 없다고 합니다. 그 결과 지방 소재 기업의 인력난과 지방 대학의 경쟁력 하락이라는 악순환의 고리가 강화되었습니다.

【지방 소재 기업이 겪는 가장 큰 어려움】

단위: %, 비수도권 기업 513개사 인식 조사

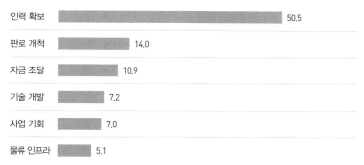

인력 확보	50.5
판로 개척	14.0
자금 조달	10.9
기술 개발	7.2
사업 기회	7.0
물류 인프라	5.1

(출처: 대한상공회의소. 중앙일보 2022. 2. 28. 재인용)

【2011~2020년 수도권−비수도권 지역내총생산(GRDP) 비율】

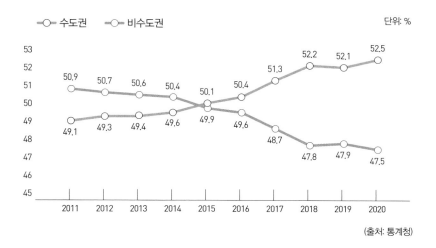

(출처: 통계청)

서울은 주거가 아닌 상업에 유리한 구조로 설계되었고, 인구 대비 턱없이 부족한 주택이 높은 가격으로 형성되어 있습니다. 주거 형태 역시 4인 가족보다는 1~2인이 거주하는 작은 평수가 훨씬 많습니다. 결국 서울에서 일하고 경기도에서 살라는 겁니다.

수도권 청년들은 보통 출퇴근에 하루 3시간을 사용합니다. 출퇴근만으로도 생활이 너무 고단해 '저녁이 있는 삶'이 애초 불가능한 구조가 형성되어 있습니다. 여기에 한국 특유의 높은 업무 강도가 더해집니다. 그렇게 일해서 2명의 부부가 아이 낳을 수 있을 정도의 돈을 번다면 좋겠지만, 둘이 함께 10년을 벌어도 작은 내 집 하나 장만하기 어려운 부동산 문제까지 가중됩니다.

이렇게 보면 "한국에서 애 낳는 건 바보짓"이라는 말이 맞는 것도 같습니다. 보육을 어렵게 만드는 직업 환경도 문제입니다. 과거에는 부모와 같은 지역에서 살면서 조부모가 아이를 돌보는 것이 일반적이었다면, 청년들의 수도권 이주와 작은 평형 중심의 주택으로 인해 지금은 이마저도 여의치 않아졌습니다. 턱없이 부족한 영유아 보육설비와 육아휴직이 경력 단절 또는 이직으로 이어지는 기업 문화를 생각하면 출산을 꺼리는 청년들의 고충에 공감할 수 있습니다.

수도권에 모든 인프라가 집중되면서 부동산 가격은 청년들의 임금으로는 감당하기 어려운 수준으로 치솟았고, 지방 소멸로 인해 기업들의 수도권 편중 현상이 심화되는 악순환은 결국 공멸로 이어지고 있습니다. 2022년 기준 서울의 합계출산율이 0.59명인 것에 비해 세종특별자치시의 경우 약 2배인 1.12명을 기록했습니다. 주택을 중심으로 한 정주여건이 빚어낸 차이이기도 합니다.

　오늘날 많은 도시계획학자, 건축학자들이 삶의 질을 삶의 공간에 찾으려는 노력을 합니다. 즉, 아침에 일어나 아이의 손을 잡고 유치원에 데려다주고 차를 타고 30분 이내의 거리의 직장으로 출근하며 퇴근하면서 다양한 문화를 즐길 수 있는 형태의 공간입니다. 주거와 상업의 공간이 분리되어 있으면서도 도로와 주택이 사람을 격리하지 않는 안정감 있는 작은 마을을 구상합니다. 왜냐면 도시인의 행복지수라는 것이 경제력이나 큰 집에서 비롯되지 않는다는 것을 알게 된 것이죠.

　스페인의 지방도시 갈라시아 주민의 삶의 만족도는 매우 높았는데, 그 이유는 자유로운 교감과 소통이 가능한 전통적인 마을 형태가 유지되고 있었기 때문입니다. 이러한 '공간의 질'

은 8차선 도로로 쫙쫙 그어 버린 서울과는 많이 달랐습니다. 오히려 지방에 가까운 것이었습니다. 교육과 일자리의 서울 집중 현상은 이러한 것을 불가능하게 만듭니다.

　인구 소멸 문제를 한국인 특유의 문화와 가치관의 문제로 접근하는 외국의 인구학자도 많습니다. 한국에서의 결혼은 양가의 결합이라 남녀 모두 양가 부모님의 마음에 들어야 하는데 이를 감당하기 쉽지 않다는 점, 20대 청년에겐 당치 않은 요구, 즉 집과 차는 있어야 결혼할 수 있다는 사회적 편견, 과도한 업

【2022년 인구감소지역과 인구관심지역】

(출처: 행정안전부. EBS)

무와 높은 스트레스, 긴 출퇴근 시간으로 인해 육아를 할 수 있는 기력을 소진하고 있다는 점을 지적합니다. 혼외 출산과 다문화가정에 대한 뿌리 깊은 편견 또한 출산을 더욱 어렵게 하는 요인이기도 합니다.

청년들은 자신들이 성장하면서 느낀 불행감이 출산을 꺼리는 요인이 되었다고도 말합니다. 청소년기엔 하루 15시간씩 책상에 앉아 입시 준비를 하고, 졸업하면 평균 3천만 원의 학자금 대출금을 안고 알바를 하고, 취업 이후에도 대출금을 갚아 나가면 월세 내기도 벅찬데 왜 이런 세상에서 자식을 낳아서 살게 하느냐는 것입니다. 다시 말해서, 내가 지금 행복하지 않은데 왜 이 행복하지 않은 삶을 다시 아이에게 물려줘야 하느냐는 입장입니다.

한국 청년들의 코인 투자 열풍 또한 이러한 구조 속에서 바라봐야 합니다. 평범한 임금노동자로 살며 청약통장을 껴안고 있다간 50대 이후 참담한 노후를 맞이할 것이라고 생각한 청년들은 코인과 부동산 갭 투자로 뛰어들었습니다. 2022년 루나와 FTX 사태로 코인 시장이 붕괴했고, 미국의 금리 인상으로 부동산 값이 하락하고 대출 이자가 상승하자 청년들의 도산이 이어졌습니다. 당장 은행 빚을 안고 있는 처지에 언감생심 결혼과 출산이라니요.

최근 세계 젊은이들이 인생에서 가장 중요한 것이 무언인지를 묻는 설문 조사가 있었습니다. 세계 대부분의 젊은이들의 응답은 대동소이했습니다. 가장 중요한 것은 가족과 직업이었습니다. 그런데 유독 한국 젊은이들만은 '물질적 행복'이 가장 중요하다고 응답했습니다.

전후 세대들에게 '경제력'이란 가족이 생존할 수 있는 기초 조건이었고 성공은 저임금 노동에서 탈출할 수 있는 유일한 길이었죠. 그리고 그 부모의 가치관은 자식 세대에 '사회적 압력'으로 작용했습니다. 젊은이들은 자녀에게 좋은 집과 좋은 교육과 같은 양육 환경을 줄 수 있을 때에 출산하는 것이 '책임 있는 부모의 처신'이라고까지 생각하게 된 것입니다.

이것은 앞서 언급했던 젊은 부모들이 느끼는 불행감과 관계 깊습니다. 핵가족을 넘어 '핵개인의 시대'로 접어들었다고 하지만, 한국 청년들이 가족을 부모 세대보다 덜 중요하게 생각하는 것은 아닙니다. 한국 특유의 가족주의 문화는 여전합니다. 다만 결혼과 출산으로 인해 미래의 내 가족이 행복할 수 없을 것이라는 비관적 전망이 청년 세대를 짓누르고 있다고 봐야 합니다.

【OECD 주요국가 청년 가치관 조사】

	1순위	2순위	3순위
호주	가족	직업	친구
뉴질랜드			
스웨덴			
프랑스			건강
그리스			
독일		직업과 건강	
캐나다		직업	**물질적 행복**
싱가포르			사회
이탈리아			**물질적 행복**
네덜란드		**물질적 행복**	건강
벨기에			직업
일본			직업 / 건강
영국		친구	취미
미국			**물질적 행복**
스페인	건강	**물질적 행복**	직업
한국	**물질적 행복**	건강	가족
타이완	사회	**물질적 행복**	

(출처: Pew Research Center, 2021)

지방의 자치단체들은 혁신도시와 산업단지, 특구 등을 유치해서 젊은 층을 유입하고자 합니다. 이 또한 필요한 일입니다. 하지만 인구 유입으로 당장 지역의 단기적인 문제는 해결할 수 있어도, 인구 소멸은 막을 수 없다는 사실에 주목해야 합니다. 청주가 대표적으로 이런 경우입니다.

청원구를 중심으로 산업단지가 생성되고 일자리가 많아져서 젊은 인구가 유입되는 것은 분명 좋은 일입니다. 문제는 지속가능성입니다. 모든 산업은 일정 기간이 지나면 새로운 산업에 의해 경쟁력을 잃게 됩니다.

독일의 경우 자동차 산업이 경제의 기둥인데, 전기차의 대중화로 인해 대규모 실업 사태에 직면해 있습니다. 알다시피 전기차는 내연기관 자동차에 비해 훨씬 적은 인력과 부품으로 제작하기 때문입니다. 전통산업이 와해되는 위기 속에서 기업과 지방자치단체는 산업모델을 끊임없이 수정해야 살아남을 수 있습니다. 이를 '와해적 혁신'이라고도 합니다.

전남 영광은 전국 최대의 굴비산지, 강원도 정선·태백은 탄부들의 집결지였습니다. 거제도와 울산은 개도 만 원짜리 지폐를 물고 다녔다는 호황의 상징이었습니다. 하지만 모두 옛말이 되었습니다. 지속적인 혁신을 통한 지역의 다양한 산업경쟁력

대통령들의 남자

강화, 국공립대학교의 실질적인 부활, 정주여건의 개선 등의 조건이 마련되었을 때만이 지속 가능한 지방시대를 보장할 수 있습니다.

  국회의원은 지역 발전을 위해 예산을 따오고, 지역의 성장 전략을 고민합니다. 하지만 그보다 더 중요한 본연의 사명이 있습니다. 바로 대한민국의 미래를 준비하는 것입니다. '백년지대계'라는 말을 자주 하지만, 대통령 5년 단임제의 나라에서 국가 정책의 연속성이 보장되기란 쉽지 않습니다.

  국회의원들은 4년마다 지역민의 표심을 얻어야 하기에 국가적 미래보다 단기적인 지역 현안을 챙기는 것이 더 이익이라고 생각합니다. 이래서는 인구 소멸, 지방 소멸 문제와 같은 거시적인 정책을 실효성 있게 추진할 수 없습니다. 국회의원의 존재 이유가 있다면 대한민국의 미래 전략을 수립해서 일관성 있게 추진하는 것 아닐까요.

다시 유년의 강가에서

    1994년 4월 18일에 공직에 임용되었고, 2023년 10월 20일자로 대통령실을 나왔습니다. 29년 6개월입니다. 용산을 떠나는 날 출입증과 보안카드를 반납하고 대통령과 비서실 직원들의

대통령실을 나오기 전, 대통령님은 친히 불러 격려와 응원의 말씀을 주셨다.

대통령들의 남자

배웅을 받았습니다.

대통령실을 뒤로하고 한 걸음 멀어질 때마다 잊지 못할 추억과 함께 복잡한 감정이 밀려왔습니다. 지금 걷는 이 길은 일방통행이라, 돌아설 수 없다는 엄연한 사실 또한 또렷하게 각성되었습니다. 용산의 거대한 철제문이 닫혔습니다. 누구의 지시나 임무로 움직이는 조직원이 아닌, 독단자(獨斷者)로서의 삶이 시작되었습니다.

고향으로 내려온 날, 빈 밭 사이로 흐르는 미호천 앞에 섰습니다. 이 강가 왕버들나무 아래에서 내 유년이 피었고 대학을 향한 꿈이 익었습니다. 돌아오기 위해 떠난다는 말이 있습니다. 1988년 서울대 입학 이래 35년을 이곳으로 다시 오기 위해 일했을지도 모릅니다. 유년 시절에는 이 강의 물비늘 냄새와 석양을 튕기는 여울을 사랑했다면, 지금은 이 강을 품은 대지 위의 사람들을 먼저 보게 됩니다.

내가 국회의원 출마 결심을 밝히자 서울의 친구들은 행정부 1급 공무원이 왜 장차관, 기관장 등의 꽃길을 마다하고 돌밭을 걸으려 하냐며 만류했습니다. 나는 언제나 새로운 일을 갈망했고, 내 땀이 세상에 유용하길 바랐습니다.

충북도청에서 일하던 시절, 통상 업무를 위해 출국하고 며칠 후 벌건 눈으로 인천공항에서 버스를 타고 청주터미널에 내렸던 일을 생각했습니다. 고되었지만, 보답이 확실한 일이었습니다. 청주와 해외를 오갔던 수만 쪽 팩스 속 숫자는 결국 청원의 빈터에 솟은 연구단지와 공장 건물, 그리고 일자리와 유입된 젊은이들의 숫자로 현실화되었습니다.

나는 사람이 만들어 내는 그 변화의 힘에 전율하곤 했습니다. 그것은 구체적으로 정치의 힘이었습니다. 내가 보았던 정치란 사람들의 염원을 현실화하는 것이었습니다. 국회의원이 되면 응당 더 많은 일을 해낼 수 있습니다. 하지만 고민이 쉽게 정리되지는 않았습니다.

2023년 하얀 꽃비가 내리던 어느 봄날 오후였습니다. 훅하고 바람이 불었고, 순간 나는 하나의 꽃잎이 하늘로 올라가서 다시 낙하하는 시간을 가늠했습니다. 그날 나는 내 인생에서 가장 중요한 행복과 소명에 대해 생각했습니다. 국회의원 출마를 놓고 나는 자신에게 세 가지 질문을 던졌습니다.

첫째, 내게 행복한 일인가?
둘째, 그 일이 타인에게도 이로운가?

대통령들의 남자

셋째, 그 일을 잘할 수 있는가?

29년간 나는 '천생(天生) 일꾼'이라는 소리를 듣고 살았습니다. 서울대 외교학과였지만 행정고시를 준비한 것도, 임용 이후에 충청북도에서 일하고 싶다고 자원한 것도 결국 일하고 싶어서였습니다. 나의 보직은 늘 시계추처럼 움직였지만, 그 이동의 중심축은 충청북도였습니다.

충북에서 행안부로, 시드니에서 충북으로, 충북에서 청와대로, 청와대에서 다시 충북으로 오가는 여정이었습니다. 그것은 어쩌면 일찌감치 내 운명을 결정한, 숙명이었을지도 모릅니다. 나는 내가 흘린 땀으로 사람들이 행복했을 때 가장 행복합니다. 이로써 첫 번째 질문과 두 번째 질문에 대한 답은 쉽게 내릴 수 있었습니다.

세 번째 질문, 그 일을 잘할 수 있는가? 정치인의 선한 의지에도 불구하고 형편없는 결과를 초래하는 사례가 많습니다. 선출직 공직자에게 필요한 것은 선한 마음과 의지를 넘어, 현실에서 구체적인 성취를 일구는 것입니다. 선한 마음과 의지는 때로 이념과 논리에 도취된 확증편향의 결과물로 나타나기도 합니다.

나는 상식의 힘을 믿으며 땅을 개간하여 얻은 열매를 사랑하는 현실주의자입니다. 굶주린 아이를 보며 탄식하며 눈물 흘리는 것보다 당장 쌀을 안쳐 불을 때는 것이 좋습니다. 미래를 확언할 수는 없습니다. 다만 걸어온 행적으로 가늠할 뿐이지요.

29년의 공직 생활을 통해 나에겐 '중앙과 지방을 훤히 꿰고 있는 지방행정 전문가'라는 수식이 붙었습니다. 내 핸드폰에는 1만여 명의 연락처가 있습니다. 충청북도와 중앙부처, 해외공관 등 일하는 사람들과 쌓아 온 인연입니다. 지금까지와 같이 나는 이번 일을 잘 해낼 수 있을 것 같습니다.

그리고 이제 내가 답할 수 없는 질문 하나가 남았습니다. 그것은 바로 민심입니다. 투표의 주체는 주권자, 지역민입니다. 힘써 일하되 겸허히 기다릴 수밖에 없습니다.

대통령들의 남자

우리 잠깐 쉬어 가요

서승우의 생각은 나와 닮아 있나요?

※ 출산 가정에 주택자금 지원 등의 경제적 지원을 하면 인구 소멸 문제를 해결할 수 있을까요?

– 「소멸의 땅에서 삶의 노래를」 편에서

- ☐ '아니다' 청년들의 가치관 문제이기 때문에 실효성이 없을 것이다.
- ☐ '맞다' 거주 문제만 해결되어도 출산율이 높아질 것이다.

※ 서승우의 공직 은퇴와 국회의원 출마는 현명한 결정이었을까요?

– 「다시 유년의 강가에서」 편에서

- ☐ '아니다' 차라리 중앙부처에서 장·차관을 하는 것이 나았다.
- ☐ '맞다' 지역을 위해 큰일 하려면 바로 지금 출마하는 것이 맞다.